Hans Ritte

Schwedisch

Ein Sprachkurs für Schule, Beruf
und Weiterbildung

Arbeitsbuch

Max Hueber Verlag

3. 2. 1.	Die letzten Ziffern
2000 99 98 97 96	bezeichnen Zahl und Jahr des Druckes.

Alle Drucke dieser Auflage können, da unverändert, nebeneinander benutzt werden.
2. Auflage 1996

Verlagsredaktion: Stephen Fox; Manfred Zimmer, München
Zeichnungen: Paul Netzer, Berlin
Satz: Setzerei Max Vornehm GmbH
Herstellung: Verlags- und Druckservice Fruth, Aschheim
Gesamtherstellung: Allgäuer Zeitungsverlag, Kempten
Printed in Germany
ISBN 3-19-015158-X

Inhalt

Einleitung

Das vorliegende Arbeitsbuch dient dazu, den Lernstoff des Lehrbuches weiter einzuüben und zu vertiefen.

Zu jeder Lektion des Lehrbuches finden sich folgende Abschnitte:

A: Anmerkungen und systematische Zusammenfassung

Hier finden Sie Erklärungen zu den Lesestücken und den Grammatikdarstellungen des Lehrbuches sowie landeskundliche Informationen. Besonders wichtig ist dieser Teil für Sie, wenn Sie das Lehrbuch allein durcharbeiten oder eine versäumte Kursstunde zu Hause nachholen möchten. Bitte beachten Sie: Der Pfeil ▶ im rechten Teil des Balkens verweist auf den dazugehörigen Abschnitt im Lehrbuch.

B: Übungen

Die in diesem Abschnitt enthaltenen schriftlichen Übungen ergänzen die mündlichen Übungen des Lehrbuchs und verbessern die Fähigkeit des Kursteilnehmers / der Kursteilnehmerin, die erlernten Wörter und Grammatikstrukturen auch in Zusammenhängen zu verwenden, die nicht genau dem Kontext des Lehrbuches entsprechen. Sie sollten erst gelöst werden, nachdem die entsprechenden Stellen im Lehrbuch (auf sie verweist der Pfeil im rechten Teil des Balkens) gründlich erarbeitet worden sind. Selbstverständlich dürfen Sie das Lehrbuch zur Hand nehmen, wenn Sie sich an einzelne Wörter oder an die benötigte Grammatik nicht mehr erinnern können. Nehmen Sie die Beschäftigung mit dem Arbeitsbuch zum Anlaß, auch den Lehrstoff früherer Lektionen zu wiederholen.

Viele Lösungen lassen sich in der nächsten Unterrichtsstunde diskutieren oder als Grundlage für eine gespielte Sprechsituation benützen.

Die letzte Übung der meisten B-Teile besteht aus einer Tonaufnahme auf den zum Lehrwerk gehörenden Cassetten/Compact-Discs. Es gilt hier, den gesprochenen Text so weit zu verstehen, daß Fragen dazu beantwortet werden können.

Im Schlüssel am Ende des Arbeitsbuches finden Sie zu jeder Übung des B-Teils die Lösungen oder Lösungsvorschläge. Nutzen Sie die Gelegenheit, Ihren Kursleiter / Ihre Kursleiterin anzusprechen, falls trotzdem etwas unklar ist oder Sie etwas nicht verstehen.

Wir möchten an dieser Stelle Anita Bergman unseren herzlichen Dank für ihre Sorgfalt bei der sprachlichen Durchsicht dieses Arbeitsbuches aussprechen.

Wir wünschen Ihnen viel Erfolg und Spaß beim Schwedischlernen.

Lektion 1

A Anmerkungen und systematische Zusammenfassung

1

Hej ist der gebräuchlichste schwedische Gruß. Bei der Verabschiedung verwendet man gerne *hejdå*. Wenn man jemanden mit *ni* anredet (vgl. 2 unten), sagt man stattdessen *goddag* „guten Tag" bzw. *adjö* (bei der Verabschiedung).

Är du från Stockholm, Ulf?

Die Wortstellung ist in der Frage wie im Deutschen, d. h. 1. Verb, 2. Subjekt.

Göteborg

Das anlautende *g* vor *e, i, y, ä, ö* und das auslautende *g* werden wie das *j* gesprochen.

2

Mit Ausnahme von *det*, das auch für Sachen verwendet wird, beziehen sich die Personalpronomen in unserer Tabelle auf Personen; sie können aber auch für Tiere verwendet werden, soweit deren Geschlecht bekannt ist.

Die Anredeform *ni* (2. Person Plural) ist der Plural von *du* (entspricht also dem deutschen „ihr"). Sie kann aber auch zur formellen Anrede einer Einzelperson verwendet werden und entspricht dann dem deutschen „Sie". Bei der Anrede mehrerer Personen gibt es keine Unterscheidung zwischen der etwas familiäreren und der etwas distanzierteren Anrede. *Är ni från Sverige?* kann sowohl „Seid ihr aus Schweden?" wie „Sind Sie aus Schweden?" heißen. Die *ni*-Anrede einer Einzelperson kam zeitweise kaum noch vor, scheint aber wieder im Kommen zu sein.

De (3. Person Plural) wird in der Umgangssprache *dom* gesprochen. In Briefen, Comics usw. kann es auch so geschrieben werden.

3

Varifrån är du?

Stattdessen kann man auch sagen *Var är du ifrån?* oder *Var kommer du ifrån?*

5

Im Gegensatz zum Deutschen verwendet der Schwede *vad* „was" bei der Frage nach dem Namen: *Vad heter du?* „Wie heißt du?". Etwas offizieller klingt *Mitt namn är...* „Mein Name ist ...". Bei der Vorstellung kann man den Namen an den Anfang stellen und damit stärker betonen: *Krister heter jag.*

Bei der Frage nach der Nationalität kommt es nicht auf das Geschlecht der anderen Person an, weil man sowieso sehen kann, daß es sich um einen „er" oder eine „sie" handelt. Man kann also eine Schwedin fragen *Är du svensk?*, während man bei der entsprechenden deutschen Frage die weibliche Form benötigt: „Bist du Schwedin?"

Die weibliche Form stimmt in vielen Fällen mit der Bezeichnung der Sprache überein. Vergleichen Sie:

Hon är svenska. – Hon talar svenska.
Hon är norska. – Hon talar norska.
Aber: *Hon är fransyska. – Hon talar franska.*
Hon är spanjorska. – Hon talar spanska.

Die Verbformen werden in Lektion 3 systematisch behandelt. Der Text enthält bereits Beispiele für Verben auf *-ar (talar)* und *-er (heter).*

▶ 6

Die Nationalitätsbezeichnungen *finländare* (männlich) und *finländska* (weiblich) werden für Personen verwendet, die aus Finnland kommen oder in Finnland wohnen, ohne Rücksicht darauf, ob sie Finnisch oder Finnlandschwedisch sprechen. *Finne* bzw. *finska* sind Bezeichnungen für Personen, die nur Finnisch sprechen.

▶ 8

Stockholm

Nur Eigennamen werden im Schwedischen groß geschrieben, nicht Substantive generell.

Vergleichen Sie: *Sverige* „Schweden“, *svenska* „Schwedisch, Schwedin“. (*Sverige* ist Eigenname, *svenska* nicht.)

▶ 9

Achten Sie auf die Verdoppelung des *s* in *buss* „Bus“ und die Verdoppelung des *l* in *hotell* „Hotel“. Daneben gibt es die Schreibung *hotel*, die vor allem von Hotels mit internationalem Charakter verwendet wird.

Das schwedische *semester* ist genau das Gegenteil vom deutschen „Semester“, nämlich „Urlaub, Ferien“. Die schwedische Entsprechung zum deutschen „(Universitäts-)Semester“ ist *termin.*

B Übungen

1 ▶ 2

Ergänzen Sie das Mini-Kreuzworträtsel, indem Sie die Pronomen eintragen.

Waagrecht: ① 2. Person Singular
② 3. Person Singular, männlich
③ 1. Person Plural

Senkrecht: ① 3. Person Plural
② 1. Person Singular
③ 2. Person Plural

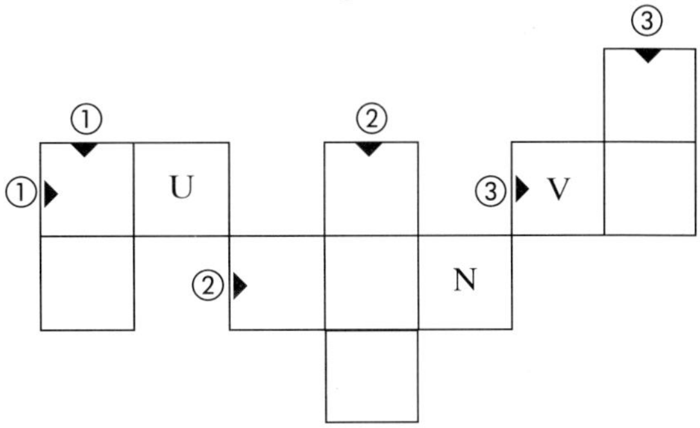

2 ▶ 4

Welche Sprache sprechen sie?

1. Sven är från Stockholm, han talar ____________________.
2. Sören är från Köpenhamn, han talar ____________________.
3. Torleif är från Oslo, han talar ____________________.
4. Jean är från Paris, han talar ____________________.
5. Oliver är från London, han talar ____________________.
6. Carlos är från Madrid, han talar ____________________.
7. Alberto är från Rom, han talar ____________________.

3 ▶ 6

Improvisieren Sie ein Gespräch zwischen einem Deutschen und einem Schweden, in dem folgendes vorkommen soll:

Deutscher:

1. Begrüßung.
3. Namensnennung. Frage nach dem Namen des anderen.
5. Frage nach der Herkunft.
7. Sind Deutschkenntnisse vorhanden?
10. Information (Deutschland etc.)

Schwede:

2. Begrüßung.
4. Namensnennung.
6. Information (aus Schweden/Stockholm).
8. Information (nur Englischkenntnisse).
9. Frage nach der Herkunft.

4 ▶ 6

Bilden Sie Fragen zu den Antworten.

1. ____________________? Jag är från Malmö.
2. ____________________? Vi är från Uppsala.
3. ____________________? Nej, jag är från Tyskland.
4. ____________________? Nej, vi är från Stockholm.
5. ____________________? Jag heter Lena.
6. ____________________? Nej, vi talar bara tyska.
7. ____________________? Nej, jag är norrman.
8. ____________________? Nej, hon är tyska.

5 ▶ 7

Benützen Sie die Äußerungen folgender Personen, um sie vorzustellen.
Beginnen Sie mit *Det här är …*

1. ”Petra heter jag. Jag är från Berlin. Jag talar tyska och svenska.”
2. ”Arne heter jag. Jag är från Stockholm. Jag talar svenska och engelska.”
3. ”Jag heter Søren och är från Köpenhamn. Min fru* heter Kirsten. Vi talar danska och tyska.”
4. ”Vi heter Kaare och Greta. Vi är från Oslo. Jag talar norska och engelska, Greta talar också finska.”

* *Min fru* „meine Frau“ wird zu *hans fru!*

6 ▶ 8

Welche Personen sind Dialogpartner?

1. Clas och ______________________
2. Lena och ______________________
3. Erik och ______________________
4. Arne och ______________________
5. Janne och ______________________
6. Lars och ______________________
7. Krister och ______________________

7 ▶ 8

Unterstreichen Sie das passende Verb!

1. Han *heter* / *talar* / *kommer* från Oslo.
2. Vi *talar* / *är bara* / *kommer* svenska.
3. Var *heter* / *kommer* / *ligger* Ottfjället?
4. Torleif *är* / *talar* / *kommer* norska.
5. Vad *ligger* / *kommer* / *heter* han?
6. Sven *kommer* / *talar* / *är* svensk.

8 ▶ 9

Tragen Sie die Bildunterschriften ein.
Båtsemester – Tågsemester – Bilsemester – Bussemester – Cykelsemester – Vandringssemester

A

B

C

D

E

F

Lektion 2

A Anmerkungen und systematische Zusammenfassung

1

In Schweden meldet man sich am Telefon häufig mit seiner Telefonnummer. Man faßt dabei zwei Zahlen zusammen und sagt z. B. *tolv elva noll fem* (12 11 05).

Hur har du det?

Anders könnte auch fragen *Hur mår du?* oder *Hur står det till?* Die zuletzt genannte Wendung ist verhältnismäßig unpersönlich.

Tack, bara bra.

Das *bara* dient der Verstärkung der Aussage und entfällt bei einer Übersetzung ins Deutsche.

Och du då?

Das *då* ist ein schwach betontes Füllwort und hat keine Entsprechung im Deutschen.

Vi kan träffas på kafeterian …

Träffas ist ein Verb auf *-s,* das die Gegenseitigkeit einer Handlung ausdrückt. Im Deutschen verwendet man stattdessen das Reflexivpronomen („sich treffen"). (Vgl. auch Lektion 14.)

3

Die Zahlen (I)

Die Zahlen *nio* und *tio* werden in der Umgangssprache oft zu *ni*ᵉ, *ti*ᵉ abgeschwächt. Das Zahlwort *ett* richtet sich nach dem Substantiv, bei dem es steht: ***ett** hotell* „ein Hotel", ***en** klocka* „eine Uhr".

5

Das Substantiv

Substantive sind im Schwedischen entweder ein **Utrum** (nicht-sächlich) oder ein **Neutrum** (sächlich). Einen Unterschied zwischen Maskulinum und Femininum (männlich und weiblich) gibt es nur bei den Personalpronomen. (Vergleichen Sie noch einmal Lektion 1!)

Ein *smörgås* ist eigentlich ein „Butterbrot". Man versteht darunter im allgemeinen ein belegtes Brot. Ein Käsebrot ist *en smörgås med ost* oder *en ostsmörgås.*

Jag tar en bulle, tack.

Herr Bengtsson könnte auch sagen *Jag skulle vilja ha en bulle.* Das *tack* bedeutet hier nicht „danke", sondern „bitte". Wenn man etwas anbietet, sagt man *varsågod,* was ebenfalls dem deutschen „bitte" entspricht.

Man sagt bei der Bestellung *en öl/en kaffe,* obwohl beide Wörter Neutra sind. Vergleichen Sie: *Kaffet är gott* (Neutrumform).

6

Bei Preisangaben steht kein Komma, sondern ein Doppelpunkt. *8:-* bedeutet also *åtta kronor.*

7

Der Artikel

Es gibt zwei **unbestimmte Artikel; *en*** (Utrum) und ***ett*** (Neutrum). Sie stehen wie im Deutschen vor dem Substantiv.

Der **bestimmte Artikel** sieht aus wie der unbestimmte Artikel (statt des Doppel-*t* in *ett* erscheint allerdings nur ein *t*!) und wird hinten an das Substantiv angehängt. Wenn schon ein Vokal vorhanden ist, wird nur ein *-n* bzw. *-t* angehängt: *klocka + n = klocka**n*** „die Uhr".

9

Utra auf *-er* oder *-el* hängen in der Regel nur ein *-n* an: *semestern* „der Urlaub", *nyckeln* „der Schlüssel". Vergleichen Sie dagegen: *papper → papperet, fönster → fönstret* (Ausfall des *e*), *nummer → numret* (Ausfall eines *m* und des *e*).

B Übungen

1 **1**

Hier sind alle Teile des Telefongesprächs durcheinandergeraten. Geben Sie dem Gespräch seine ursprüngliche Form zurück!

Fint! Ringer du från Skara?

Okay, klockan fem alltså. Hej så länge!

Hejdå!

Tack, bara bra! Och du då?

Var i Stockholm?

Hej, Clas! Hur har du det?

Jag är på hotell Svea.
Kan vi träffas på stan?

Klockan fem är jag på *Åhléns*. Vi kan träffas på kafeterian där och dricka en kopp kaffe!

12 11 05.

Hej! Det är Clas.

Nej, jag är i Stockholm just nu.

Anders: ______________________________

Clas: ______________________________

Anders: ______________________________

Clas: ______________________________

Anders: ______________________________

Clas: ______________________________

Anders: ______________________________

Clas: ______________________________

Anders: ______________________________

Clas: ______________________________

Anders: ______________________________

2 ▶ 1

Finden Sie die fehlenden Fragewörter.

1.	______________	ringer du?	Jag ringer från Stockholm.
2.	______________	har du det?	Tack, bara bra!
3.	______________	i Stockholm bor du?	På hotell.
4.	______________	heter hotellet?	Det heter Skandia.
5.	______________	kostar rummet?	Det kostar 500 kronor.
6.	______________	är du på Åhléns?	Klockan fem.

3 ▶ 3

Schreiben Sie die Preise in Buchstaben auf!
(z. B. *Det kostar åtta kronor.*)

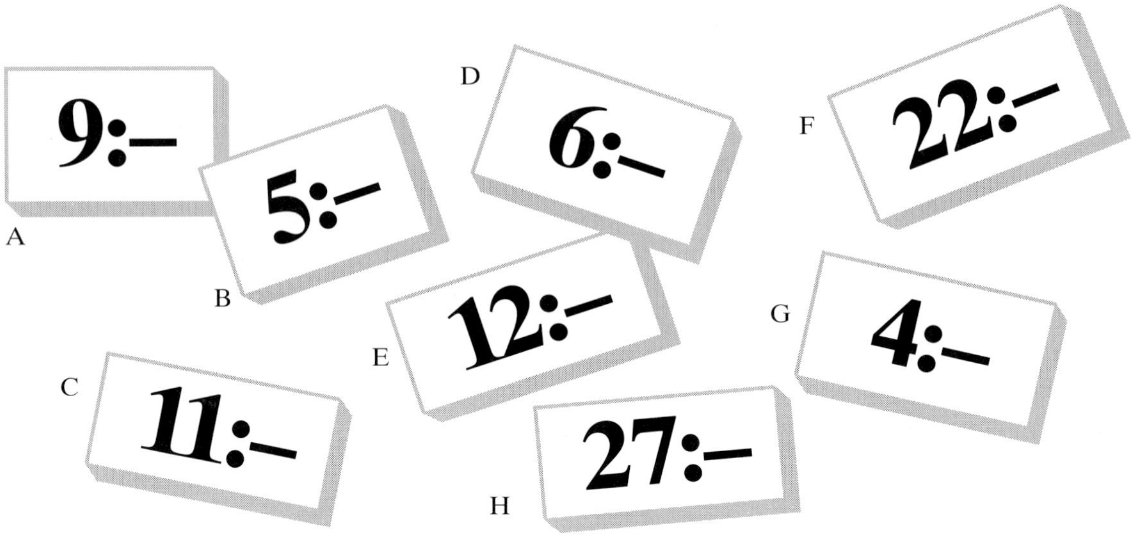

A ____________________	E ____________________
B ____________________	F ____________________
C ____________________	G ____________________
D ____________________	H ____________________

4 ▶ 6

Sie haben 29 Kronen. Was können Sie essen und/oder trinken, wenn Sie die Preisliste im Lehrbuch zugrunde legen? Was bleibt Ihnen jeweils übrig *(kvar)?* („Nichts" heißt auf Schwedisch *ingenting.)*

Jag kan äta ____________ och dricka ____________ . Jag har ________ kvar.
Jag kan äta ____________ och dricka ____________ . Jag har ________ kvar.
Jag kan äta ____________ och dricka ____________ . Jag har ________ kvar.
Jag kan äta ____________ och dricka ____________ . Jag har ________ kvar.

5 ▶ 7

Ersetzen Sie die Zeichnungen durch die entsprechenden Substantive in der bestimmten Form.

1) .... heter Maria.
2) .... ligger i Göteborg.
3) .... kostar en krona.
4) .... är billig.
5) .... kostar tolv kronor.
6) .... är i Stockholm.

6 ▶ 8

Beschreiben Sie, was sich auf dem Tisch befindet.

Det finns ...., ..., ...
......................, ... och .... på bordet.

7 ▶ 8

Was können Sie mit den Gegenständen tun?

ringa – skriva – dricka – öppna – tända – äta

1. Ur glaset kan jag ______________ .
2. Med cigarettändaren kan jag ___________ en cigarett.
3. Med pennan kan jag ______________ ett brev.
4. Med saxen kan jag ______________ ett mjölkpaket.
5. Från telefonhytten kan du ____________ .
6. Med gaffeln kan du ______________ .

ur „aus“
telefonhytt (2) „Telefonzelle“

8 ▶ 8

Setzen Sie die fehlenden Präpositionen ein:

1. Clas ringer □□□□ Anders.
2. Ringer du □□□□ Skara?
3. Jag är □ Stockholm just nu.
4. Jag bor □□ hotell Skandia.
5. Han äter en smörgås □□□ ost.
6. Pennan ligger □□ bordet.
7. Jag intresserar mig □□□ cykelsemestern.
8. De är □□ ett konditori.

Lektion 3

A Anmerkungen und systematische Zusammenfassung

1

In Deutschland kommt das Aufrufen nach Nummern nur selten vor (z. B. auf Behörden). In Schweden ist es allgemein üblich.

2

Finns det vandrarhem också?

Singular und Plural des Substantivs sind in diesem Fall gleich. Die Pluralformen werden in Lektion 5 systematisch behandelt.

vandrarhemmet

Das *m* von *vandrarhem* verdoppelt sich, wenn der bestimmte Artikel angehängt wird. Das gleiche gilt für auslautendes *n*. Vergleichen Sie:

ett rum – rummet, en man – mannen

Ja, det gör det.

Diese Antwort enthält vom Deutschen her gesehen die überflüssige Information „das tut es".

5

Der Infinitiv

Es gibt zwei Arten des Infinitivs. Bei den mehrsilbigen Verben endet er auf *-a*, bei den einsilbigen variiert der Vokal des Infinitivs. Beispiele:

att hyra	„mieten"	*att bo*	„wohnen"
att komma	„kommen"	*att gå*	„gehen"
att dricka	„trinken"	*att se*	„sehen"
att kosta	„kosten"		

Das *att* steht beim Infinitiv, um diesen als solchen zu kennzeichnen. Es entspricht dem deutschen *zu*, wird aber dort nicht in dieser Weise verwendet (*att hyra* = „mieten"). Wenn ein Hilfs- oder Modalverb dazukommt, steht das Hauptverb (wie im Deutschen) im Infinitiv:

Jag kan tala tyska. „Ich kann deutsch sprechen."

Der Infinitiv steht auch nach *(jag) skulle vilja* und als Ergänzung beim Subjekt oder Objekt: *Finns det cykel att hyra?*

6

Die Zahlen (II)

In der Umgangssprache kann das auslautende ***o*** bei den Zehnerzahlen entfallen (*trettiett*). Es wird aber oft zur Verdeutlichung benützt. Bei den Zahlen 13–19 wird (wie im Deutschen) die

Einerzahl **zuerst** gesprochen. Bei den Zahlen über zwanzig ist es aber umgekehrt; die Einerzahl wird **zuletzt** gesprochen: *tjugoett.*

▶ 8

211 40 78

Bei dreistelligen Nummern kann man entweder die Zahl als Ganzes lesen *(tvåhundraelva)* oder die erste Zahl für sich *(två elva)* bzw. alle Zahlen einzeln.

▶ 9

Den und ***det*** sind Pronomen für Sachen. *Det* wird aber auch für Personen sächlichen Geschlechts gebraucht. Die Pluralform ist die gleiche wie bei den Personalpronomen, also ***de***.

Es gibt also nur eine Utrum und eine Neutrumform, zwischen männlich und weiblich wird nicht unterschieden. Eine Ausnahme bildet *klocka.* Auf die Frage *Vad är klockan?* kann man *Den är fem* oder *Hon är fem* antworten.

▶ 11

Das Verb

Es gibt drei Personalendungen im Präsens: -***ar***, -***er*** und -***r***. Bei den mehrsilbigen Verben muß die Endung (*-ar* bzw. *-er)* mitgelernt werden, da nur Verben auf *-ar* das *a* auch im Imperativ und bei der Vergangenheitsbildung beibehalten. Die einsilbigen Verben hängen die Personalendung *-r* an den jeweiligen Vokal an (z. B. *bo* + *r* = *bor*). **Alle Personen haben die gleiche Endung.**

B Übungen

1 ▶ 2

Rekonstruieren Sie das Gespräch im Reisebüro. Verwenden Sie dazu die Illustrationen, Wörter und Satzbruchstücke unten.

A:

1. semestra på Gotland

3. lägenhet!  ?

5. vandrarhem?

7.  ?

9.  ?

B:

2. hotell?

4. 3000: -/vecka

6. Ja, men där  själv.

8. kök

10. cykeluthyrning*

*„Fahrradverleih“

2

Verbinden Sie die Verben links mit einem passenden Substantiv bzw. Eigennamen.

Sven skulle vilja…

1. cykla ___	a) regalskeppet Wasa.
2. se ___	b) en smörgås.
3. bo ___	c) på Gotland.
4. hyra ___	d) på hotell.
5. ringa ___	e) en stuga.
6. äta ___	f) till Karin.

3

Ordnen Sie den Abbildungen die passenden Unterschriften zu.
vandrarhem – tält – stuga – lägenhet – husvagn – hotell

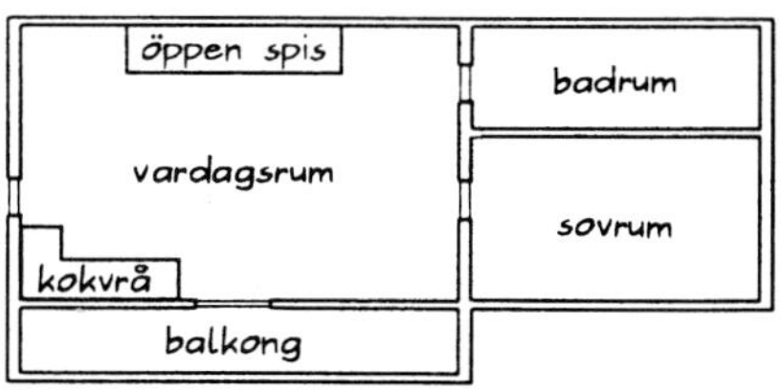

1) ……………………………………

2) ……………………………………

3) ……………………………………

4) ……………………………………

5) ……………………………………

6) ………………

4

Hier sind vier Ferienhäuser. Kreuzen Sie die Angaben an, die falsch sind.

A

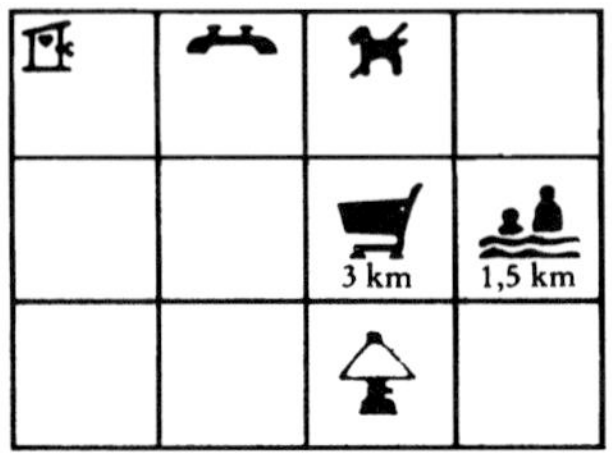

Centralvärme
1,5 km till havsbad
Fotogenbelysning
WC
Dusch

B

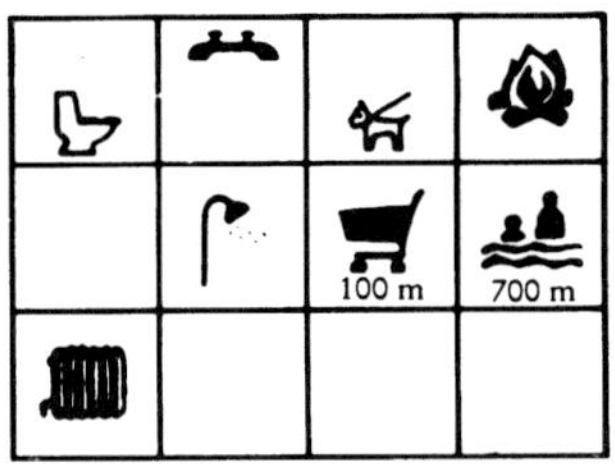

Torrklosett
100 m till affär
Havsbad i närheten
Öppen spis
TV

C

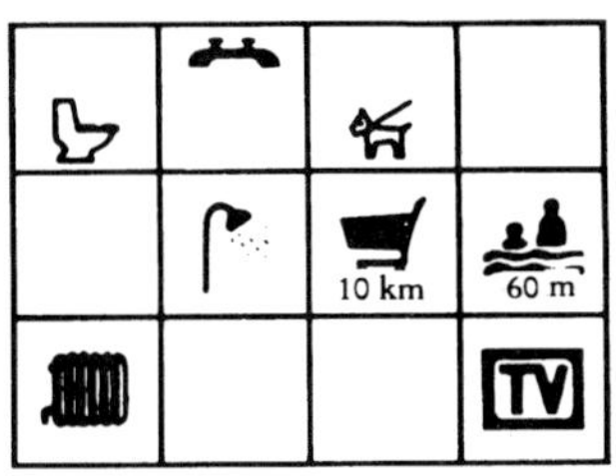

Öppen spis
Centralvärme
Husdjur välkomna
Fotogenbelysning
Affär i närheten

D

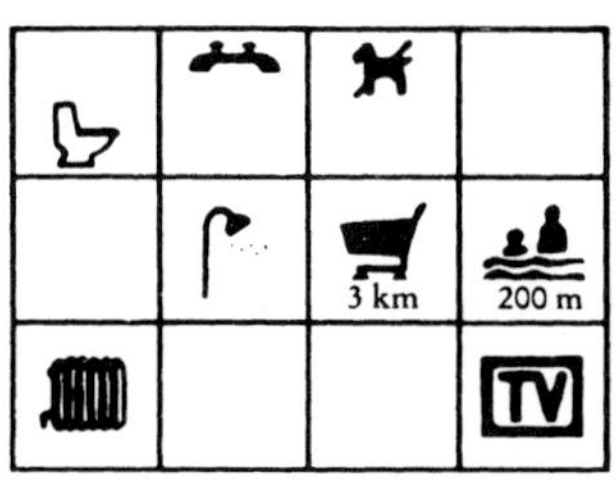

50 m till havsbad
Husdjur välkomna
Centralvärme
Dusch
Rinnande varmt och kallt vatten

5 ▶ 6

Versuchen Sie, Ihre Telefonnummer und einige andere Telefonnummern, die Ihnen bekannt sind, auf schwedisch auszusprechen. Üben Sie solange, bis Sie die Nummern einigermaßen flüssig angeben können.

6 ▶ 9

Den, det oder *de?* Setzen Sie das passende Pronomen ein.

1. Lägenheten är på Strandvägen. ____________ kostar 1900 kronor i veckan.
2. Vandrarhemmet är på Gotland. ____________ ligger vid en sjö.
3. Hotellet är i Stockholm. ____________ heter Skandia.
4. Stugan är i Skåne. ____________ har fyra rum och kök.
5. Slottet är här. ____________ ligger i Gamla Stan.
6. Finns Tyska kyrkan och Storkyrkan också där? Ja, ____________ finns också där.

7 ▶ 11

Setzen Sie die richtige Verbform ein. Der Infinitiv steht in Klammer.

1. Peter (cykla) ____________ till Sverige.
2. Varifrån (ringa) ____________ du?
3. Kaffe och te (stå) ____________ där borta.
4. Vad (kosta) ____________ det?
5. Du (städa) ____________ och (bädda) ____________ själv på vandrarhemmet.
6. Vi (ta) ____________ tåget.
7. Vad (heta) ____________ du?

8

Sie hören die Telefonnummern einiger Stockholmer Jugendherbergen. Vergleichen Sie die Nummern mit der Liste im Arbeitsbuch und berichtigen Sie die Fehler.

Lektion 4

A Anmerkungen und systematische Zusammenfassung

1

två hekto

Hekto, kilo und *liter* haben in Verbindung mit Zahlen keine Pluralform; das gleiche gilt auch für *meter* und *kilometer.* Das *k* in *kilo* kann wie im deutschen „Kilo" oder wie das schwedische *k* vor *e, i, y, ä, ö* gesprochen werden, d. h. ähnlich wie ein *ch,* aber mit wesentlich stärkerem Druck.

4

In Schweden wird immer auch ein sog. Vergleichspreis angegeben, damit der Kunde auf einen Blick feststellen kann, was z. B. ein Kilo oder ein Liter im Vergleich mit einer anderen Ware, die vielleicht günstiger erscheint, kostet.

6

Das Attribut

Das Adjektiv, das bei einem Substantiv steht (das sog. Attribut), richtet sich nach dem Geschlecht (Genus) dieses Substantivs (Utrum oder Neutrum) und danach, ob es im Singular oder im Plural steht. Es hat die „starke" Form. Steht das Adjektiv in der Satzaussage (als Teil des Prädikats), richtet es sich nach dem Subjekt des Satzes, während es im Deutschen unverändert bleibt.

Flaskan är stor.	Die Flasche ist	groß.
Paketet är stort.	Das Paket ist	

8

Das Alphabet

Ö ist der letzte Buchstabe des schwedischen Alphabets und steht folglich ganz hinten in den Wörterbüchern. Ein *ü* kommt im schwedischen Alphabet nicht vor. Dafür gibt es ein zusätzliches Vokalzeichen, das wie das deutsche *o* gesprochen wird: *å.*
Die Aussprache der in beiden Sprachen vorkommenden Konsonanten und Vokale ist in vielen Fällen übereinstimmend; zu den Unterschieden vergleichen Sie bitte S. 172 des Anhangs. Das Schwedische kennt, im Gegensatz zum Deutschen, bei bestimmten Konsonanten einen Wechsel der Aussprache, je nachdem vor welchem Vokal der Konsonant steht.

11

Beachten Sie bitte: Im Gegensatz zu vielen anderen Fremdsprachen ist die Wortfolge bei veränderter Stellung des Subjekts genau so wie im Deutschen, d. h. das Verb steht weiterhin an zweiter Stelle.

13

gå på teatern

Hier wird gerne die bestimmte Form verwendet, während man sagt *gå på konsert* (das *t* bleibt stumm), *gå på bio* usw., wenn es sich nicht um ein bestimmtes Konzert, Kino usw. handelt.

15

***Ska* + Infinitiv** kann
1. eine Absicht ausdrücken,
2. das Futur bilden.
Den Satz *Vad ska vi göra i kväll?* würde man z. B. mit „was wollen wir heute abend machen?" übersetzen, den Satz *Jag ska vara där vid femtiden* mit „Ich werde gegen fünf dort sein". (*Ska* + Infinitiv kann allerdings auch ausdrücken, daß man etwas von dritter Seite erfahren hat: *Han ska vara sjuk.* „Er soll krank sein.")

Eine Absicht drückt auch ***tänka* + Infinitiv** aus; ***komma* + Infinitiv** ist eine reine Futurform und entspricht dem deutschen „werden" + Infinitiv. Wie im Deutschen kann auch das Präsens Futurbedeutung haben: *På fredag går hon på bio.* Die Zeitangabe macht die Verwendung des Futurs überflüssig. Wenn es sich um ein fest eingeplantes Vorhaben handelt (wie bei der Kalendereintragung in Nr. 12 im Lehrbuch), erübrigt sich auch die Bezeichnung der Absicht (durch *ska* + Infinitiv bzw. *tänka* + Infinitiv).

B Übungen

1

1

a) Wie können Sie ein Gespräch mit einer Verkäuferin einleiten?

____

b) Wonach kann eine Verkäuferin fragen, wenn Sie einen Wunsch geäußert haben? (Sorte, Menge)

____

c) Was kann sie fragen, wenn sie noch mehr verkaufen will?

____

d) Was kann sie fragen, wenn sie wissen will, ob das alles war?

____

e) Wonach können Sie als Kunde fragen? (Name der Sorte, Preis)

____

2 ▶ 2

1. Ett halvt kilo är 5 ______________ .
2. Ett hekto är 100 ______________ .
3. En liter är 10 ______________ .
4. En krona är 100 ______________ .

3 ▶ 6

Bilden Sie Sätze unter Verwendung der unten stehenden Adjektive und der Zeichnungen.

liten (litet) billig(t)

stor(t) dyr(t)

ny (nytt) gammal(t)

A) Klockan är gammal.

B) Klockan är ny.

C) ....

D) ....

E) ....

F) ....

G) ....

H) ....

I) ....

J) ....

K) ....

L) ....

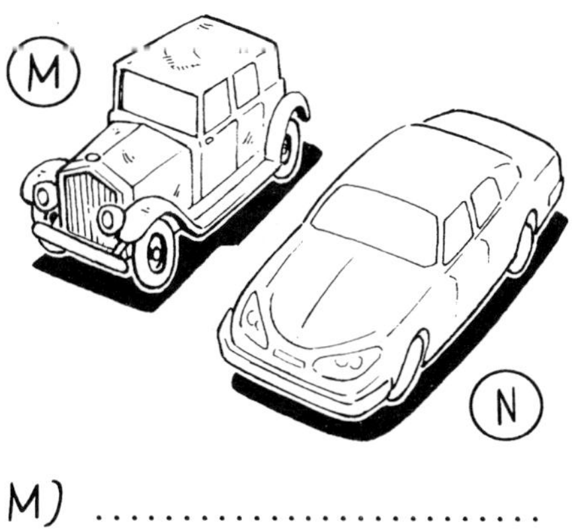

M) ....

N) ....

4 ▶ 8

Wie buchstabiert man das Wort richtig? Unterstreichen Sie!

1. 
   a) med ett e
   b) med två e

2. a) med ett s
   b) med två s

3. 
   a) med o
   b) med å

4. a) med ö
   b) med y

5. 
   a) med o
   b) med å

6. a) med k
   b) med ck

7. 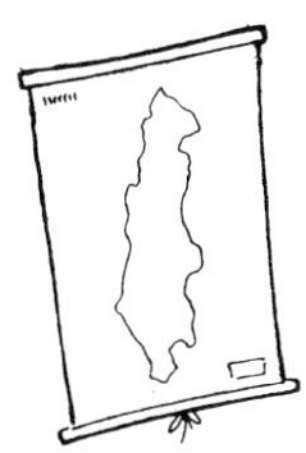
   a) med stort s
   b) med litet s

5 ▸ 8

Wie ist die schwedische Entsprechung zu „von A bis Z“? Sie suchen im Telefonbuch *(telefonkatalogen)* die Namen Östergren, Olsson, Ängkvist, Ågren und Zetterström. In welcher Reihenfolge kommen die Namen vor?

____

____

____

____

____

6 ▸ 11

Stellen Sie die Sätze um! Der Wochentag soll jeweils den Anfang bilden. Beachten Sie die Wortstellung!

1. Eva tvättar på torsdag.

____

2. Hon går på en konstutställning på onsdag.

____

____

3. Hon äter på restaurang på söndag.

____

4. Hon går på bio på lördag.

____

5. Hon städar på tisdag.

____

6. Hon hälsar på sina vänner på fredag.

____

____

7 ▸ 13

Måndag	6	resebyrå
Tisdag	7	städning
Onsdag	8	bio
Torsdag	9	tennis
Fredag	10	Åhléns
Lördag	11	Restaurang "Brända tomten"
Söndag	12	TV

När spelar Margareta tennis? Det gör hon på torsdag. Bilden Sie entsprechende Fragen und Antworten zu dem Terminkalender oben. ____

____

____

____

____

____

____

____

____

____

____

____

____

städning(-en) „(das) Reinemachen“

8 ▶ 15

Drücken Sie aus, daß Sie die Absicht haben

a) ins Kino zu gehen,

b) die Wohnung sauber zu machen,

c) ins Kaufhaus zu gehen,

d) an einem englischen Sprachkurs teilzunehmen.

Hier sind einige Vorgänge benannt. Bringen Sie zum Ausdruck, daß Sie mit ihrem Eintreffen rechnen (*komma* + Infinitiv).

e) Det regnar.

f) Bilen är klar klockan fem.

g) De semestrar på Gotland.

h) Clas bor på hotell Svea.

9

Versuchen Sie, die folgenden Namen aufzuschreiben. Beachten Sie dabei, daß Namen wie *Eriksson* gewöhnlich mit zwei *s* geschrieben werden. Das auslautende *n* wie in *Johansson* wird nicht verdoppelt.

Lektion 5

A Anmerkungen und systematische Zusammenfassung

▶ 2

Die Verwandtschaftsbezeichnungen *faster* und *moster* sind zusammengesetzt aus *fader + syster* bzw. *moder + syster*. *Tant Märta* braucht demgegenüber keine Verwandte zu sein. Für kleine Kinder ist jede ältere weibliche Erwachsene, die man nicht kennt, eine *tant;* männliche Erwachsene werden von Kindern als *farbror* bezeichnet. – Die familiäreren Bezeichnungen *mamma* und *pappa* werden oft auch noch von Erwachsenen benutzt, wenn diese von ihren Eltern sprechen.
Im Schwedischen sagt die Verwandtschaftsbezeichnung selber aus, ob es sich um eine Tante (einen Onkel, einen Großvater, eine Großmutter) „mütterlicherseits" oder „väterlicherseits" handelt.

farmor = Großmutter väterlicherseits
mormor = Großmutter mütterlicherseits
farfar = Großvater väterlicherseits
morfar = Großvater mütterlicherseits

▶ 4

Die Nominativform ***de*** und die Objektform ***dem*** werden in der Umgangssprache gleich ausgesprochen, nämlich *dom*. Bei der Schreibung des Pronomens sollte man aber auf den Unterschied zwischen *de* und *dem* achten, sofern man nicht die Umgangssprache nachahmt (in persönlichen Briefen z. B.).

Der Dativ und der Akkusativ fallen im Schwedischen im sog. **Objektfall** zusammen:

De ser	***mig.***	„Sie sehen mich." (Akkusativ)
De tror		„Sie glauben mir." (Dativ)
Jag ser	***dem.***	„Ich sehe sie." (Akkusativ)
Jag tror		„Ich glaube Ihnen." (Dativ)

▶ 7

Bei Angaben der Uhrzeit unterscheidet man oft nicht zwischen morgens und abends, vormittags und nachmittags: *Klockan är tio.* „Es ist zehn Uhr." Diese Unsicherheit läßt sich durch Zusätze wie z. B. *på morgonen* beheben. Im offiziellen Gebrauch zählt man wie im Deutschen 12 hinzu, wenn man die Stunden nach 12 Uhr mittag meint: *Klockan tretton* ist also „dreizehn Uhr".
Eine Präposition wird im Schwedischen nicht verwendet. Vergleichen Sie: *Han kommer klockan tre.* „Er kommt um drei Uhr."
Das Pronomen von *klockan* ist *den* oder *hon: Vad är klockan? Den är tre/Hon är tre.*

▶ 10

Ungarna badar hela dagarna.

Ungarna ist eine familiäre Bezeichnung für Kinder. Die hier verwendete bestimmte Pluralform wird in Lektion 9 näher erläutert. Der Satz wäre im Deutschen mit „Die Kinder baden den ganzen Tag" wiederzugeben.

Det finns massor av blåbär.

Finns ist ein sog. Deponens (vgl. Lektion 14). Es bildet die Personalendung wie die passiven Verben mit *-s,* hat aber aktive Bedeutung.

▶ 11

Das Possessivpronomen *sin* ist mit dem deutschen „sein“ verwandt, wird aber auch verwendet, wenn das Subjekt des Satzes, auf das es sich bezieht, ein Femininum oder Neutrum (also weiblich oder sächlich) ist! Es gibt eine Utrum-, eine Neutrum- und eine Pluralform: *sin, sitt, sina.*

▶ 13

Plural der Substantive (unbestimmt)

Die meisten schwedischen Substantive lassen sich einer der fünf Deklinationen (Substantivkategorien) unserer Tabelle auf S. 39 des Lehrbuchs zuordnen. Es gibt aber auch Mischformen wie *museum* (bestimmte Form Singular: *museet,* unbestimmte Form Plural: *museer*).

In den Deklinationen I–III finden sich vorwiegend nichtsächliche Substantive, in den Deklinationen IV und V vorwiegend sächliche. (Ausnahme: *lärare* und andere Substantive auf *-are.*) Einsilbige Substantive auf Vokal – wie *sko* „Schuh“ – erhalten nur ein *-r* im Plural. Sie werden gewöhnlich zur 3. Deklination gezählt.

Anhaltspunkte für die Pluralbildung:

Sg.	Pl.	Sg.	Pl.	Sg.	Pl.
-a →	**-or**	**-e** →	**-ar**	**-e** →	**-en**
		(Utrum)		(Neutrum)	

Der Stammvokal kann im Plural kurz werden: *bok – böcker* (Verdoppelung des *k*).

B Übungen

1 ▶ 2

Hier sind die Bildunterschriften verwechselt worden. Berichtigen Sie!

1. Det här är ____________________ .
2. Det här är ____________________ .
3. Det här är ____________________ .
4. Det här är ____________________ .
5. Det här är ____________________ .
6. Det här är ____________________ .
7. Det här är ____________________ .
8. Det här är ____________________ .

2 ▶ 2

Stellen Sie das Verwandtschaftsverhältnis der Personen fest. Benützen Sie dazu den Stammbaum unten.

1. Torsten är Evas ________________ .
2. Eva är Torstens ________________ .
3. Torsten är Fredriks ________________ .
4. Karin är Torstens ________________ .
5. Torsten är Eriks ________________ .
6. Erik är Torstens ________________ .
7. Anders är Annas ________________ .
8. Anna är Torstens ________________ .
9. Torsten är Ingers ________________ .
10. Inger är Torstens ________________ .
11. Torsten är Kristinas ________________ .
12. Kristina är Torstens ________________ .
13. Torsten är Kerstins ________________ .
14. Kerstin är Torstens ________________ .

3 ▶ 4

Finden Sie die richtige Form des Personalpronomens.

1. Känner du (han) __________ ?
2. Hon visar (jag) __________ hotellet.
3. Vi gratulerar (ni) __________ .
4. Han ringer (hon) __________ .
5. Hon liknar (du) __________ .
6. Inga presenterar (vi) __________ .
7. Jag frågar (ni) __________ och ni svarar (jag) __________ .
8. Vi hälsar på (de) __________ .

gratulera, -r „gratulieren"
svara, -r „anworten"

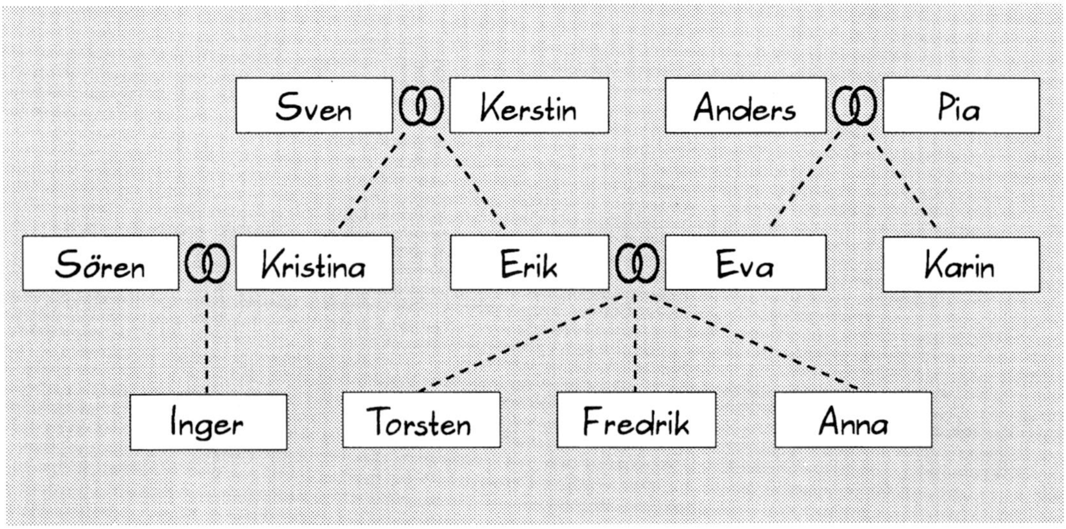

4 ▶ 7

Schreiben Sie die angegebenen Uhrzeiten in Zahlen (z. B. kl 10.15).

1. Klockan är halv åtta (på morgonen).

   ____

2. Klockan är halv åtta (på kvällen).

   ____

3. Klockan är kvart över sju (på morgonen).

   ____

4. Klockan är kvart över sju (på kvällen).

   ____

5. Klockan är tio minuter över elva (på förmiddagen). ______________
6. Klockan är tio minuter i elva (på kvällen).

   ____

7. Klockan är tjugo minuter över nio (på kvällen). ______________

5 ▶ 8

Verwandeln Sie die Angaben der Tabelle in einen Bericht!

	Avgång	Ankomst
Tåg	8.30	10.15
Båt	11.10	14.45
Express-tåg	15.55	21.03

Tåget går ______________________________

____

____

____

____

6 ▶ 10

Setzen Sie das passende Verb ein.

hälsa på – ta ut – cykla – höra – bada – plocka – fiska

1. Ungarna ______________ hela dagarna.
2. Kan ni inte ______________ över helgen?
3. Vi skulle kunna gå ut it skogen och ______ ________ blåbär.
4. Min man jobbar fortfarande, han ska ____ ________ sin semester i slutet av juni.
5. I morgon ______________ vi till en gammal kyrka i närheten.
6. Jan ska ______________ så vi får någonting gott till middag.
7. ______________ av dig!

till middag „zum Essen“

7 ▶ 10

Schreiben Sie einen schwedischen Brief, der folgende Angaben enthalten soll: Sie sind mit der Familie *(familjen)* in Dalarna. Sie wohnen in einem Ferienhaus. Es hat drei Zimmer und Küche. Es gibt einen großen See in der Nähe. Die Kinder fischen dort den ganzen Tag. Sie möchten gerne baden, aber der See ist recht *(rätt)* kalt. Im Wald gibt es eine Menge Blaubeeren. Ihre Schwester Karin wird Sie am Wochenende besuchen. Sie möchte gern radfahren und sich Kirchen ansehen. Sie bitten die Person, an die Sie schreiben, bald von sich hören zu lassen.

8 ▶ 13

Was sehen Sie auf den Abbildungen?

Jag ser…

1. ______________ 2. ______________
3. ______________ 4. ______________
5. ______________ 6. ______________
7. ______________ 8. ______________

9

Hören Sie jetzt die Öffnungszeiten einiger Stockholmer Museen. Notieren Sie sich diese Zeiten!

Sjöhistoriska museet
Djurgårdsbrunnsvägen
öppet varje dag kl ________

Nordiska museet
Djurgården
öppet lör–sön ________

mån–fre ________

tis–tor ________

Postmuseum
Lilla Nygatan 6
öppet tis–lör ________

ons ________, **sön** ________

Naturhistoriska Riksmuseet
Frescativäg 40
öppet mån–lör ________

sön ________

Stockholms Stadsmuseum
Ryssgården Slussen
öppet fre–mån ________

tis–tor ________

Lektion 6

A Anmerkungen und systematische Zusammenfassung

1

svenska pengar

Pengar „Geld" ist im Schwedischen eine Pluralform. „Schwedisches Geld" heißt dementsprechend *svenska pengar* (zur Pluralform der Adjektive vergleichen Sie bitte die Nr. 5 weiter unten).
Es heißt aber *mycket (!) pengar* „viel Geld".

3

Ska vi ta en tusenlapp?

Die offizielle Bezeichnung des Geldscheins ist *sedel* (z. B. *en 100-kronors sedel*).

5

Pluralform der Adjektive (I)

Der Plural der Adjektive wird durch Anhängen von ***-a*** gebildet. Auf *-å* endende Adjektive können das Plural-*a* weglassen:

två blå(a) blusar „zwei blaue Blusen".

Liten (litet) hat eine eigene Pluralform *(små)*. Adjektive auf *-el, -en* und *-er* verlieren das *e* bei der Pluralbildung. (Siehe Beispiele im Lehrbuch.) Einen Unterschied zwischen Utrum und Neutrum gibt es im Plural nicht.

6

Augusti wird ähnlich wie „agusti" ausgesprochen, das *u* ist nur schwach ausgeprägt. Das gleiche gilt für das *u* in *Europa* „Europa".

8

Finns det legitimation?

Der Schwede verwendet gern unpersönliche Wendungen, wo der Deutsche stattdessen eine persönliche Andredeform bevorzugt. Vergleichen Sie: „Haben Sie einen Ausweis?"

11

Die Aufforderung bedient sich gewöhnlich der Imperativform (vgl. unten) in Verbindung mit einem vorangestellten *Var snäll och* . . , was dem Deutschen „Sei so nett und . . . (Seien Sie so nett und . . .)" entspricht, oder in Verbindung mit einem nachgestellten *. . . är du snäll.* In anderen Fällen hat die Aufforderung die Form einer Frage *(Vill du vara snäll och öppna fönstret/Kan du öppna fönstret?)* oder einer Aussage *(Nu öppnar du fönstret!)*, was allerdings sehr barsch klingt.

Glöm inte att låsa!

Vor dem *att*-Satz steht kein Komma. (Dasselbe gilt heutzutage auch für Relativsätze.)

▶ 12

Die Imperativform

Das Schwedische verwendet zur Bildung der Imperativform gewöhnlich kein Pronomen. Da es jeweils nur eine Imperativform gibt, kann z. B. *kom* sowohl „Komm'" als auch „Kommt!" und „Kommen Sie!" heißen.

Die Verben, die die Personalendung Präsens mit ***a*** bilden, wie z. B. *titta (han tittar),* behalten dieses *a* bei der Imperativbildung bei: *Titta!* „Schau!" Imperativform und Infinitivform sind hier also übereinstimmend.

Verben mit der Personalendung ***-er*** bilden den Imperativ ohne Vokal: *Rök inte så mycket!* Imperativ und Infinitiv stimmen nicht überein. Bei den einsilbigen Verben ist auch der Imperativ einsilbig; er endet auf den Stammvokal: *Tro mig!* „Glaub' mir!" Imperativ und Infinitiv stimmen überein.

Doppel-*m* wird bei der Imperativbildung zu einfachem *m: komma* → *Kom!*

B Übungen

1 ▶ 2

Bringen Sie Ihre Wünsche zum Ausdruck!

1. Du behöver svenska pengar, men du har bara D-mark.

____

____

2. Du behöver ett bord för i kväll.

____

3. Du vill betala.

____

4. Du behöver en lägenhet på Gotland.

____

5. Du intresserar dig för kyrkan i Gamla Uppsala.

____

____

6. Det finns en sjö i närheten. Du tycker om att fiska.

____

7. Du intresserar dig för studiecirkeln i engelska.

____

____

tycka om att fiska „gerne fischen"

2 ▶ 3

Sie haben einen 100-Kronen-Schein. Wieviel gibt die Verkäuferin zurück, wenn etwas (1.) 35:–, (2.) 22:–, (3.) 89:–, (4.) 13:–, (5.) 77:–, (6.) 54:– und (7.) 67:– kostet?

Hon ger… kronor tillbaka.

3 ▶ 3

Hur mycket är det i svenska pengar?

Beantworten Sie die Frage, indem Sie von den nachstehenden Beträgen ausgehen. (Verwenden Sie den aktuellen Wechselkurs.)

a) DM 10,– _______ d) DM 300,– _______

b) DM 20,– _______ e) DM 500,– _______

c) DM 50,– _______ f) DM 5000,– _______

4 ▶ 5

Setzen Sie die Adjektive in den Plural und kombinieren Sie sie mit passenden Substantiven.

stor(t) svensk(t) billig(t) mogen(moget) dyr(t) ny(nytt) liten(litet) gammal(t)

_______________ bilar

_______________ pengar

_______________ hotell

_______________ vänner

_______________ stugor

_______________ frimärken

_______________ sjöar

_______________ barn

_______________ äpplen

5 ▶ 7

Setzen Sie statt der Zahlen die Monatsnamen ein.

a) I (12) _______________ dansar vi kring julgranen.

b) I (7) _______________ tar många semester.

c) I (8) _______________ är det kräftpremiär.

d) Från (12) _______________ till (3) _______________ åker vi skidor.

e) I (5) _______________ ser man många blommande träd.

f) Från (4) _______________ till (10) _______________ seglar vi.

g) I (6) _______________ dansar vi kring majstången.

kräftpremiär (3) „Premiere des Krebsessens"
blommande „blühend"; *träd* (5) „Baum"

6 ▶ 11

Richtig oder falsch?	rätt	fel
1. I juni dansar vi svenskar kring julgranen.	☐	☐
2. I december plockar man svamp.	☐	☐
3. I juli tar många semester.	☐	☐
4. Expressbrev hämtar man på posten.	☐	☐
5. När du skickar ett rekommenderat brev får du ett kvitto.	☐	☐
6. Maggan flyger till Mallorca.	☐	☐
7. Hon tar hand om katten och kanariefågeln.	☐	☐
8. På midsommar dansar vi svenskar kring majstången.	☐	☐

7 ▶ 12

Bilden Sie die Imperativform der Verben und tragen Sie sie in das Kreuzworträtsel ein.

Waagrecht

Jag öppnar fönstret.
Affären stänger kl 6.
Han hämtar tidningen.
Han röker inte.

Senkrecht

Jag väcker dig kl 7.
Sven postar brevet.
Han tar tåget.
Bussen stannar.

väcka, -er „wecken"
posta, -r brevet „den Brief einwerfen"
stanna, -r „anhalten"

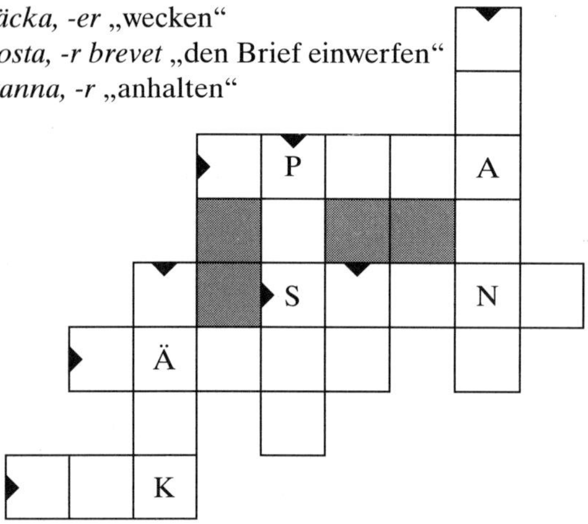

8 ▶ 12

Was sagt Fru Malm zu ihrer Tochter? Sie befürchtet, daß sie vergißt ...

1. att låsa dörren när hon går,
2. att mata katten,
3. att vattna blommorna,
4. att städa vardagsrummet,
5. att stänga fönstret i vardagsrummet,
6. att klippa gräsmattan,
7. att skriva då och då.

(Verwenden Sie die Imperativform.)

klippa gräsmattan „den Rasen mähen"

9 ▶ 12

Was sagen Sie? Sie sind in einem schwedischen Hotel und wollen, daß man

1. Sie um sieben Uhr weckt,
2. Ihr Zimmer saubermacht,
3. Sie mit dem Restaurant verbindet *(koppla, -r till),*
4. ein Taxi bestellt,
5. Ihren Anzug reinigt *(kemtvätta, -r kostymen),*
6. und 500,– DM wechselt.

Lektion 7

A Anmerkungen und systematische Zusammenfassung

1

Jag skulle kunna handla på båten.

Der **Konjunktiv** wird mit Hilfe von ***skola*** gebildet:

1. *Jag skulle handla.* „Ich würde einkaufen."

2. *Jag skulle kunna handla.* „Ich könnte einkaufen."

In der Schriftsprache kann auch die Imperfektform verwendet werden, um das Bestehen einer Möglichkeit auszudrücken: *Vi vore tacksamma om ni kunde svara omedelbart.* „Wir wären dankbar, wenn Sie unverzüglich antworten könnten." *Vore* ist eine der wenigen echten Konjunktivformen, die immer noch verwendet werden.

Vergleichen Sie dazu auch Lektion 26, 4.

2

Reser du med buss, bil, flyg eller tåg?

Der Artikel kann hier weggelassen werden, weil es sich nicht um einen bestimmten Bus, ein bestimmtes Flugzeug usw. handelt. Dagegen würde man sagen: *Reser du med flyget klockan elva?* Vergleichbar ist im Deutschen nur „per Bus, per Flug usw.".

4

In Schweden gibt man größere Abstände in *mil* an; eine schwedische Meile ist 10 Kilometer. Der Singular und der Plural von *mil* sind gleich.

9

Träffas Anna Mårtensson?

Eine der zahlreichen unpersönlichen Wendungen des Schwedischen.

Alternativen sind: *Kan jag få tala med Anna M.?* oder *Jag skulle vilja tala med Anna M.*

Vid tolvtiden

drückt aus, daß es sich um eine ungenaue Zeitbestimmung handelt, vergleichbar dem deutschen „um 12 herum" („gegen 12"). Siehe auch Lektion 10, 13.

12

Das Possessivpronomen

In der dritten Person gibt es ein reflexives (rückbezügliches) und ein nicht-reflexives (nicht rückbezügliches) Possessivpronomen. Beim Subjekt (also auch beim zweiten Subjekt des Satzes) kann immer nur das nicht-reflexive Possessivpronomen stehen; das gilt auch, wenn (bei 2 Subjekten) das erste und das zweite Subjekt aufeinander bezogen sind. Beispiel: *Herr Svensson och hans fru går på bio.* (Das Possessivpronomen ist hier nicht rückbezüglich, obwohl es sich um die Frau von Herrn Svensson handelt!)

Hans, hennes, dess und *deras* richten sich <u>nicht</u> nach dem Substantiv, bei dem sie stehen: *hans fru* „seine Frau“ / *hans hus* „sein Haus“ / *hans vänner* „seine Freunde“.

Das Possessivpronomen *dess* vertritt sowohl Personen im Neutrum (z. B. *barnet)* als auch Sachen (z. B. *bord).*

Wenn das Possessivpronomen der dritten Person beim Objekt steht, kann es reflexiv <u>oder</u> nicht-reflexiv sein. Man kann auf diese Weise unterscheiden, ob es sich auf das Subjekt des Satzes oder aber auf eine andere (gedachte oder früher erwähnte) Person bezieht.

Wenn man im Deutschen sagt „Er wäscht sein Auto“ kann es sich auch um das Auto eines anderen handeln. Im Schwedischen enthält bereits das Possessivpronomen die benötigte Information.

▶ 14

Vems bok/böcker ...?

Das Fragepronomen kennt nur zwei Formen: *vem* „wer/wem/wen“ und *vems* „wessen“.

Statt *vems* wird auch *vilkas* verwendet, wenn man mit mehreren Besitzern rechnet: *Vilkas böcker är det här?*

B Übungen

1 ▶ 1

Benennen Sie die Geschenke, von denen die genannten Personen entzückt sind.

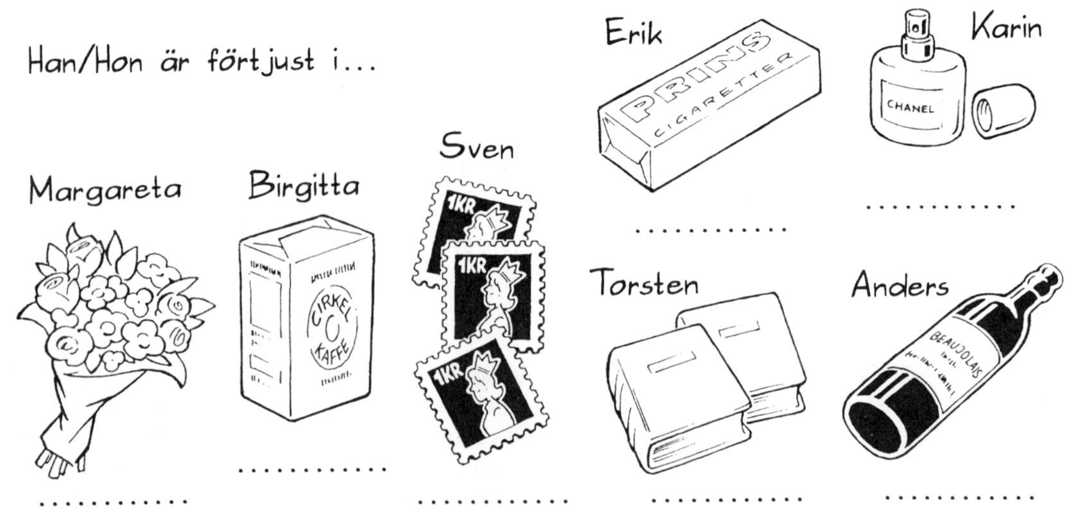

2 ▶ 1

Geben Sie an, wieviel Zeit bleibt.

1. Klockan är kvart i sju. Tåget går klockan 18.55. *Vi har* ___________ *minuter på oss.*
2. Halv sex / kl 18.30 ___________
3. Kvart i åtta / kl 20.15 ___________
4. Fem över nio / kl 9.20 ___________
5. Tio i elva / kl 10.55 ___________
6. Sju / kl 7.45 ___________
7. Halv tre / kl 15.10 ___________
8. ___________________________

(Finden Sie selbst ein Beispiel!)

3 ▶ 5

Stellen Sie fest, wieviel die Personen zu verzollen haben. (Die Zollbestimmungen finden Sie im Lehrbuch auf S. 48.)

Hon/han/de har … att förtulla.

1. Fru A. har 4 flaskor vin, ingen sprit. (1 flaska = 1 liter)

   ____
2. Fru D. har 6 flaskor vin och en liter sprit.

   ____
3. Herr S. har två liter sprit.

   ____
4. Herr och fru S. har 5 flaskor starköl.

   ____
5. Herr F. har 450 cigaretter.

   ____
6. Herr C. har 125 cigarrer.

   ____
7. Herr och fru J. har 1 kilo röktobak.

   ____

4 ▶ 9

Beschreiben Sie auf schwedisch das kleine Problem, das den Anlaß des Telefongesprächs zwischen Inger Lundén und Anna Mårtenssons Schwester bildet. Wie lösen die beiden das Problem?

____

____

____

____

____

5

Finden Sie das Gegenteil der fettgedruckten Wörter.

1. Vi skulle vilja hyra en **liten** lägenhet.

   (___________)
2. Vem **lämnar** barnen på daghemmet?

   (___________)
3. Han har **någonting** att förtulla.

   (___________)
4. Erik har **mycket** att förtulla. (Sven har bara ___________)
5. Den här bilen är mycket **billig**.

   (___________)
6. Det här är en **ny** klocka. (___________)
7. Lasse talar alltid mycket **långsamt**.

   (___________)
8. Var snäll och **öppna** fönstret!

   (___________)

lämna, -r „hinbringen, abliefern“

6 ▶ 12

Setzen Sie das fehlende Possessivpronomen ein.

● Här är Inger Lundén. Träffas Anna Mårtensson?

▲ Det här är (1) ________ syster Märta. Anna är på stan och handlar.

● (2) ________ man då?

▲ Han är på jobbet. Vill du ha (3) ________ telefonnummer?

● Det är lika bra att jag talar med dig. (4) ________ (min och min mans) flicka är på samma daghem som (5) ________ (Mårtenssons) pojke.

▲ Vad heter (6) ________ (din och din mans) flicka?

● Hon heter Pyret. Jag brukar hämta barnen och (7) ________ kompisar varje tisdag. Men i dag har jag inte tid.

kompisar „Kameraden, Freunde“

7

Die Kärtchen sind etwas durcheinandergeraten. Suchen Sie die zusammengehörenden Paare.

1. ____	5. ____
2. ____	6. ____
3. ____	7. ____
4. ____	8. ____

1 Hinner vi dricka en kopp kaffe?
2 Hur långt är det mellan Stockholm och München?
3 När kommer tant Lisa?
4 När brukar du hämta barnen på daghemet?
5 Vems biljett är det här?
6 När är vi framme i Göteborg?
7 Har ni någonting att förtulla?
8 Finns det restaurangvagn på tåget?

a Det är min biljett!
b Varje tisdag.
c Nej, tåget går om fem minuter.
d I december.
e Nej, men vi kan äta på båten.
f Ca 180 mil.
g Nej, jag har bara en flaska vin.
h kl 13.43.

8 ▶ 12

Welches Possessivpronomen ist zutreffend?

sin
1. Karin ringer till *hennes*
hans man.

dess
2. Hon säger: – Lars och *hans* fru ska
sin
komma hem till oss i kväll. Kan du handla lite knäckebröd och smör? Jag har inte tid.

Sin
3. *Han* man svarar:
Hennes

hennes
4. – Det går bra. Ska *sin* tyska vän
deras
komma med?

5. Karin säger: – Nej, han går på någon kon-
sina
sert tillsammans med *hans* vänner.
deras

hennes
6. Karin vet att *sin* man har mycket att göra.
hans

hans
7. Hon frågar *hennes* man när han kan vara
sin
hemma.

Dess
8. Han lovar att komma i tid. *Sin*
Hans
chef vet att han ska ha en fest hemma.

chef (3) „Chef“

9

Hören Sie sich an, was die Personen zu verzollen haben und streichen Sie auf der Liste unten die Waren an, die genannt worden sind.

400 cigarrer
500 g tobak
en kamera
femton flaskor starköl
tre kilo smör
parfym
tio flaskor vitt vin
tio flaskor rödvin
tre flaskor sprit
350 cigaretter
fem kilo kaffe

Lektion 8

A Anmerkungen und systematische Zusammenfassung

1

Gatan är enkelriktad!

Enkelriktad ist ein Perfektpartizip. Es richtet sich hinsichtlich seiner Form nach dem Subjekt. (Vergleichen Sie dazu Lektion 13.)

nästa tvärgata

Hier liegt die bestimmte Form vor, obwohl das Substantiv ohne Artikel verwendet ist und der Adjektivartikel (vgl. unten) *den* fehlt. Das gleiche gilt für *samma tvärgata* „die gleiche Querstraße".

..., det är fel!

Fel gehört zu den unveränderlichen Adjektiven wie *bra, gratis, rädd* „bange", *kul* „lustig".

... tills ni kommer till en park.

Achten Sie auf den Unterschied zwischen der **Konjunktion** *tills* (zur Einleitung eines Nebensatzes verwendet) und der **Präposition** *till: Jag går till posten.*

3

något dubbelrum

Man vermeidet hier, *ett dubbelrum* zu sagen, weil hier nicht die Anzahl der Zimmer, sondern „irgendein" Doppelzimmer gemeint ist. Die Utrumform ist *någon,* die Pluralform *några.*

fullbokade

Das Partizip, das hier als Adjektiv verwendet ist, bildet den Plural auf *-e,* weil ein *a* vorangeht. Vergleichen Sie dagegen: *stekta äpplen* „gebratene Äpfel". (Näheres in Lektion 13.)

5

... som matchar min nya kavaj.

Das Schwedische enthält viele englische Lehnwörter, wie z. B. *matcha* „passen zu", *jeans* (Sg. = Plural), *tajt* „eng".

8

Adjektivartikel – Bestimmte Form

Wenn bei einem Substantiv in der bestimmten Form ein Adjektiv steht, wird der Artikel ***den*** bzw. ***det*** (Plural: ***de***) vorangestellt, der zur Unterscheidung vom angehängten Artikel Adjektivartikel genannt wird. (Vom deutschen Standpunkt gesehen ist der angehängte Artikel hier überflüssig.) Das Adjektiv verändert dabei seine Form: Es erhält die Endung ***-a,*** unabhängig davon, ob das Substantiv ein Utrum oder Neutrum ist. Eine „schwache" Form dieser Art kennt auch das Deutsche.

Vergleichen Sie:

den/det nya { *bilen* / *köket*   das/die neue { Auto / Küche

Das Schwedische verwendet die „schwache“ Form aber auch nach dem Possessivpronomen: *min nya bil/mitt nya kök.*

Bei Eigennamen wird der Adjektivartikel weggelassen: *Vita huset* ist z. B. das „Weiße Haus“ in Washington.

▶ **10**

Die Ordinalzahlen

Die Ordinalzahlen werden im Schwedischen ohne Punkt geschrieben. Gegenüber den Kardinalzahlen *(ett, två, tre* usw.) verändern einige ihren Vokal (z. B. *sex – sjätte*).

Der Adjektivartikel wird vor der Ordinalzahl gewöhnlich weggelassen: *andra tvärgatan* „die zweite Querstraße“. Vergleichen Sie: *den andra tvärgatan* „die andere Querstraße“.

B Übungen

1 ▶ 2

Ergänzen Sie die Lücken mit Hilfe der Zeichnungen.

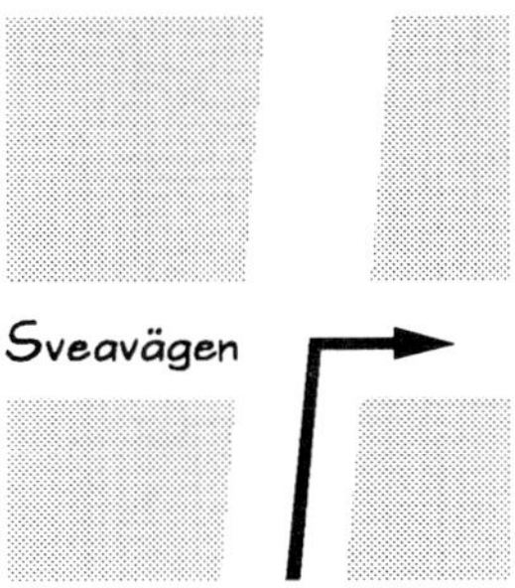

1. Kör Sveavägen.................... !

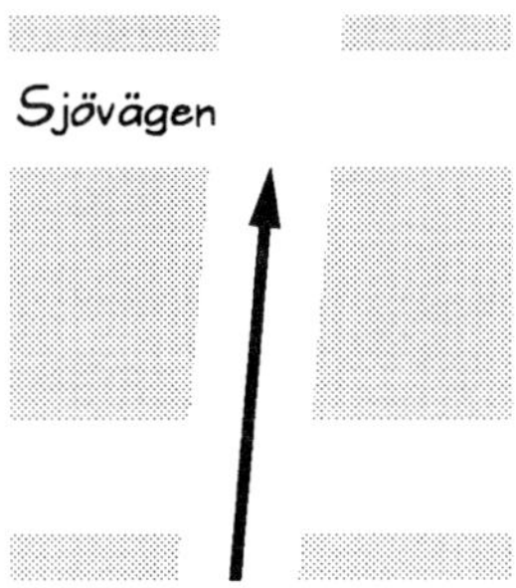

2. Kör.................. till Sjövägen!

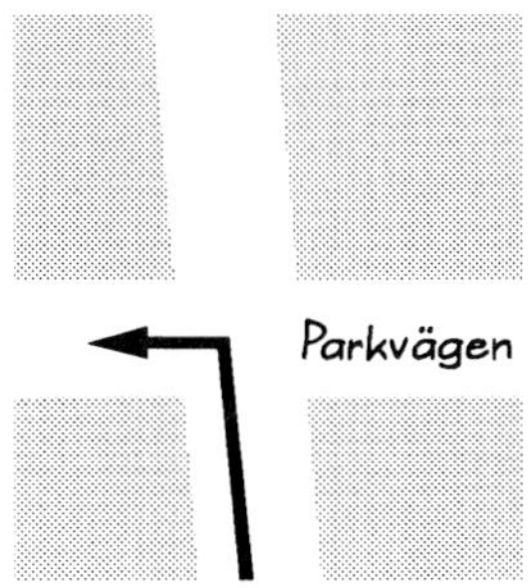

3. Ta Parkvägen...... ....

4. Hotellet ligger på ....

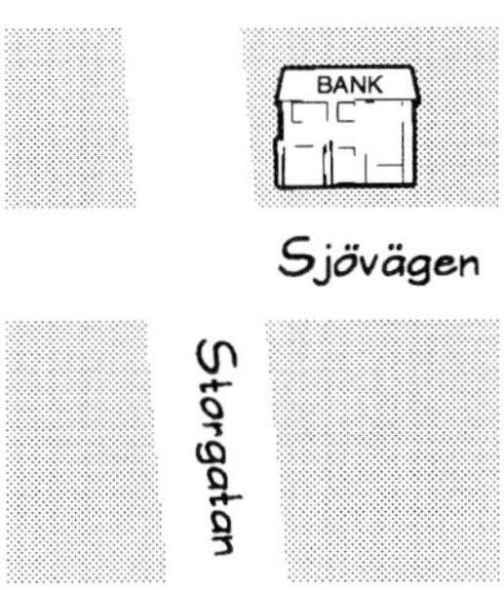

5. Banken ligger.... .... !

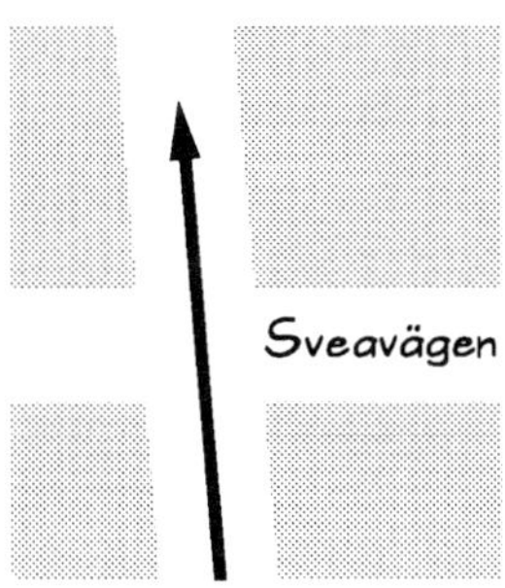

6. .... Sveavägen!

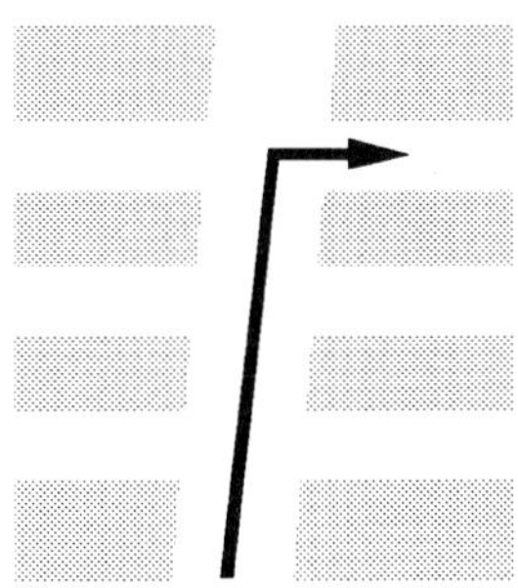

7. Ta.................. ....till höger!

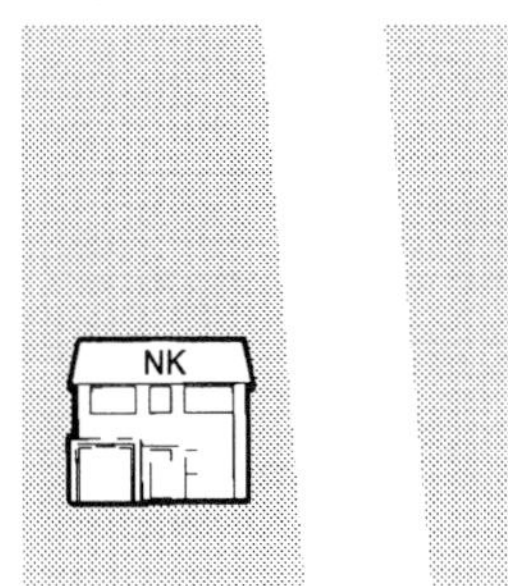

8. Varuhuset ligger på................

2 ▶ 3

Improvisieren Sie ein Gespräch:

A

1. Sie sind im Hotel und wollen wissen, ob ein Einzelzimmer (enkelrum) frei ist.

3. Sie verneinen die Frage.

5. Sie wollen bis Sonntag bleiben.

7. Sie fragen, ob es eine Tankstelle in der Nähe gibt.

9. Sie bedanken sich.

B

2. Der Portier will wissen, ob das Zimmer bestellt ist.

4. Der Portier möchte wissen, wie lange Sie bleiben wollen.

6. Der Portier sagt Ihnen, daß es in Ordnung geht. Er bittet Sie, das Anmeldeformular auszufüllen.

8. Es gibt eine Ecke Linnégatan und Strandvägen.

10. Der Portier sagt Ihnen die Zimmernummer und das Stockwerk.

3 ▶ 5

Was könnten *Olle* und *Malin* meinen? Wählen Sie unter den angegebenen Möglichkeiten.

den röda tröjan

matpatrullen

färgen

den nya restaurangen

den rutiga kvajen

den gröna kappan

1. Jag älskar den. ____________________
2. Jag avskyr den. ____________________
3. Jag skulle vilja köpa ett par byxor som matchar den. ____________________
4. Vi skulle kunna passa på och pröva den. ____________________
5. Vill ni prova den? ____________________
6. Den rekommenderar en restaurang i Gamla Stan. ____________________

4 ▶ 6

Wie heißen die Kleidungsstücke?

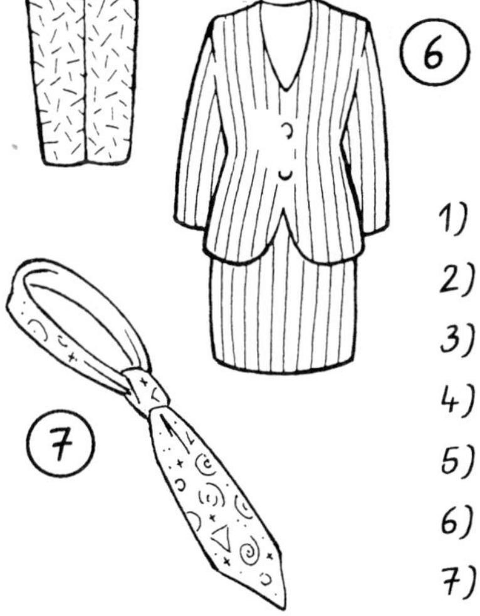

1) Anders ska köpa en ....
2) Eva behöver en ny ....
3) Mia älskar sin nya ....
4) Jag avskyr min gamla ....
5) Anna ska få en .... i present.
6) Var är min randiga ....?
7) Den här .... matchar mina svarta byxor!

5 ▶ 8

Tragen Sie das passende Adjektiv in der richtigen Form ein.

rutig
ny (2x)
liten
grön
gammal
randig

1. Jag behöver en □□ hatt.
2. Jag avskyr min □□□□□ hatt!
3. Jag älskar din □□□ kappa!
4. Ska du ta på dig din □□□□□□ kavaj?
5. Jag skulle vilja ha en □□□□□□ blus.
6. Vad kostar den □□□□□ kostymen?
7. Den här klänningen får min □□□□□ dotter i födelsedagspresent.

6 ▶ **10**

Geben Sie jeweils das Datum an!

1. När kommer Lena?

   Hon kommer den ____________________

2. När kommer målaren?

   ____

3. När har ungarna en tid hos tandläkaren?

   ____

4. När ska pappa hämta bilen?

   ____

5. När bokar Eva Mallorca-resan?

   ____

6. När kommer Märta att hämta barnen?

   ____

7. När ska familjen hälsa på farbror Erik?

   ____

8. När går föräldrarna på operan?

   ____

målare (5) „Maler“

7 ▶ **10**

Ersetzen Sie die fehlenden Ordinalzahlen mit Hilfe der in Klammer stehenden Zahlen.

1. Ta (4) ______________ tvärgatan till höger!
2. Erik är hennes (3) ______________ man.
3. Kör fram till (2) ______________ trafikljuset!
4. Västerås den (22) ______________ juli.
5. (1) ______________ maj är den svenska arbetarrörelsens dag.
6. Parfym finns på (6) ______________ våningen.
7. Det här är min (7) ______________ bil.

arbetarrörelsens dag „Tag der Arbeiterbewegung“

8 ▶ 11

1. Vad är det för datum idag?

   Idag är det den ______________________

2. Vad är det för datum i morgon?

   ____

3. När fyller du år? (dag, månad)

   ____

4. När fyller din fru (din man) år?

   ____

5. När infaller midsommardagen i år?

   (Det är den lördag som infaller mellan den 20 och 26 juni!)

   ____

6. När infaller pingstdagen? annandag pingst?

   ____

   ____

datum, -et „Datum"

fylla, -er år „Geburtstag haben"

9

Nehmen Sie sich den Text 1 im Lehrbuch vor und beantworten Sie mit seiner Hilfe die Fragen, die Ihnen zu Gehör gebracht werden.

1. ______________________

2. ______________________

3. ______________________

4. ______________________

5. ______________________

6. ______________________

7. ______________________

8. ______________________

Lektion 9

A Anmerkungen und systematische Zusammenfassung

1

Frimärkena... är jag mycket tacksam för.

Vergleichen Sie mit der Wortstellung im Deutschen: „Für die Briefmarken bin ich sehr dankbar." Diese Nachstellung der Präposition wird uns noch in Lektion 14 und 28 beschäftigen.

... ett av hotellen man ser på fotot.

Hier ist das Relativpronomen *som* ausgelassen. Das ist nur möglich, wenn es das Objekt des Relativsatzes bildet.

2

Nach *den här/där, det här/där* und *de här/ där* steht die bestimmte Form des Substantivs, nach den mehr schriftsprachlichen Formen *denna, detta* und *dessa* die unbestimmte Form: *den här kvinna**n** – denna kvinna.*

4

Pluralformen der Substantive (bestimmt)

Die Artikelendungen, die zur Bildung der bestimmten Form an die unbestimmte Pluralform angehängt werden, sind in den ersten drei Deklinationen ***-na***, in der vierten Deklination und in der fünften Deklination ***-en***. Die unbestimmte Form Plural der 4. Deklination und die bestimmte Form Plural der 5. Deklination sind identisch:

äpplen „Äpfel" – *husen* „die Häuser"

Die Substantive auf *-are* verlieren das auslautende *-e* und hängen ein *-na* an *(Italienar(e)na).*

Die Adjektive, die beim bestimmten Substantiv stehen, haben im Plural die gleiche Endung wie die Adjektive beim unbestimmten Substantiv: *grön**a** äpplen – de grön**a** äpplena.*

5

Kalle Anka i Söderhavet

Eine Anspielung auf Astrid Lindgrens Buch *„Pippi Långstrump i Söderhavet"*, das auch verfilmt wurde. *Kalle Anka* ist in Deutschland als „Donald Duck" bekannt.

6

En und *ett* bezeichnen eine Anzahl, werden also nicht gern verwendet, wenn die Bedeutung „irgendein(-e, -es)" ausgedrückt werden soll. Das ist vor allem in Fragen der Fall. Beispiel: *Finns det något vandrarhem här?* „Gibt es hier (irgendeine) Jugendherberge?" Bei Dingen, die man entweder hat oder nicht hat, kann man das unbestimmte Pronomen weglassen: *Har du bil? Har du telefon? Har du villa?*
Die Verneinung kann entweder durch vorangestelltes *inte (inte någon, inte något, inte några)* oder durch *ingen, inget, inga* erfolgen.

9

Finns det biljetter kvar …?

Mit *kvar* können die verschiedensten Verben verbunden werden:
Vi stannar kvar över helgen. „Wir bleiben über das Wochenende.“
Boken ligger kvar. „Das Buch liegt noch da.“
Maria sitter kvar. „Maria sitzt noch da.“ usw.

10

Ska du inte gå och lägga dig?

entspricht dem deutschen „Willst du nicht schlafen gehen?“ Der Schwede verbindet aber auch sonst Tätigkeitsverben gerne mit einem weiteren Verb, das eine Bewegung oder Lage bezeichnet: *Jag sitter och stickar, Jag ligger och läser, Jag går och handlar.* In den beiden ersten Fällen müßte man im Deutschen sagen „Ich sitze im Sessel (am Tisch usw.) und stricke“, „Ich liege auf dem Bett (der Couch usw.) und lese“.

så här dags

Das Substantiv *dag* (langes *a*) wird in dieser adverbialen Verwendung (zum Adverb siehe Lektion 10) kurz ausgesprochen.

12

Pluralform der Adjektive (II)

Wenn das Subjekt eines Satzes im Plural steht, hat das zu ihm gehörende Adjektiv auch in der Satzaussage (Prädikat) die Pluralform. Beispiel:

*Stugorn**a*** (= Subjekt) *är billig**a*** (Prädikat).

Im Deutschen wirkt sich die Pluralform des Subjekts nicht auf die Satzaussage aus: „Die Häuschen sind billig.“

B Übungen

1 ▶ 1

Setzen Sie die Substantive an der richtigen Stelle ein.
frimärkena – kanariefåglarna – människorna – krukväxterna – grannarna – hotellen

1. ________________ på vykortet är jag mycket tacksam för.
2. Bor ni kanske i ett av ________________ på vykortet?
3. Är ni lika solbrända som ________________ på stranden?
4. ________________ mår bra.
5. ________________ vattnar jag varje dag.
6. ________________ är bortresta.

2 ▶ 1

Schreiben Sie einen Brief, der folgende Angaben zum Ferienaufenthalt und zum beiliegenden Photo enthalten soll:

1. Sie bedanken sich für die Karte.
2. Sie sind auf einer Insel im Schärengürtel *(i skärgården)*.
3. Auf dem Photo sieht man das Ferienhäuschen *(sommarstugan)*.
4. Sie sitzen auf der Veranda *(på verandan)* und trinken Kaffee.
5. Der Mann rechts ist Ihr Nachbar.
6. Er ist auch Lehrer und wohnt in Malmö.
7. Den Kindern geht es gut.
8. Sie sind den ganzen Tag am Strand und schon braungebrannt.
9. Es sind nur 600 Meter zum Strand.

3 ▶ 4

Die Personen sind auf dem Markt. Was sagen sie?

* Bestimmte Form!

4 ▶ 4

Benennen Sie die gezeichneten Substantive. Verwenden Sie die bestimmte Form.

(A)

Vi bor i en av ....

(B)

.... är dyra.

(C)

.... är att hyra.

(D)

.... behöver jag till min frimärkssamling.*

(E)

På.............. ser du familjen Andersson.

(F)

.... badar hela dagarna.

(G)

.... fiskar.

(H)

.... är mycket trevliga!

*frimärkssamling: "Briefmarkensammlung"

5 ▶ 6

Ergänzen Sie die Sätze mit dem unbestimmten Pronomen *(någon, något, några)*.

1. Går det ____________ svensk film i kväll?
2. Finns det ____________ hotell i närheten?
3. Finns det ____________ dubbelrum ledigt?
4. Har ni ____________ svenska böcker?
5. Går det ____________ tåg mellan klockan 9 och 11 på förmiddagen?
6. Finns det ____________ vandrarhem i Visby?
7. Har du ____________ svenska frimärken?

6 ▶ 10

Welche Antworten passen zu welchen Fragen?

1. När äter man? ☐
2. När dricker man? ☐
3. När lägger man sig? ☐
4. När ser man ut så här? ☐
5. När ser man ut så här? ☐
6. Och så här? ☐

a) När man är glad.
b) När man är ledsen.
c) När man är hungrig.
d) När man är arg.
e) När man är trött.
f) När man är törstig.

7 ▶ 10

Stellen Sie fest, wovon in den folgenden Sätzen jeweils die Rede ist.

A: Jag matar dem två gånger om dagen.

A pratar om ______________________

B: Dem tar jag. Var snäll och lägg undan dem!

____

C: Glöm inte att borsta dem innan du går och lägger dig!

____

D: Den handlar om en ung svenska som gifter sig med en svensk miljonär.

____

E: De är bortresta.

____

F: De matchar din nya kavaj.

____

G: Du får ett kvitto när du postar brevet.

____

8

Welche Präpositionen könnten hier passen?

1. Frimärkena är jag mycket tacksam ☐☐☐.
2. Bor ni kanske på ett ☐☐ hotellen man ser på fotot?
3. Mona, telefon ☐☐☐☐ dig!
4. Miljönären är kär ☐ en flygvärdinna.
5. Jag vill se en film där man kan koppla ☐☐.
6. Filmen börjar kvart ☐ sju.
7. Ska jag läsa en saga ☐☐☐ dig?
8. Tåget går ☐☐ en kvart.

9

Sehen Sie sich die untenstehenden Fragen an. Hören Sie dann einige Antworten und kreuzen Sie die jeweils dazu passende Frage an.

1. Finns det biljetter kvar till 7-föreställningen? _____
2. Ska du inte gå och lägga dig? _____
3. Hur har du det? _____
4. Var går filmen? _____
5. Träffas Mona? _____
6. Bor ni på hotellet man ser på fotot? _____
7. Kan ni lägga undan biljetterna? _____
8. När börjar föreställningen? _____

Lektion 10

A Anmerkungen und systematische Zusammenfassung

1

... där man kan cykla.

Där kann im Schwedischen sowohl „dort" als auch „wo" (zur Einleitung eines Nebensatzes) bedeuten. Vergleichen Sie:

Där bor han. „Dort wohnt er."
Här ligger Umeå där min syster bor. „Hier liegt U., wo meine Schwester wohnt."

Bitte beachten Sie dazu die Satzbautafel 6.

fina badstränder

Zahlreiche Substantive der 3. Deklination haben Umlaut im Plural. Beispiele: *fot-fötter, hand-händer, stad-städer, son-söner, bok-böcker.*

Genus

Das Schwedische hat nur drei Fälle: Nominativ, Genitiv und Objektfall. Die Unterscheidung zwischen Dativ und Akkusativ entfällt. Der Objektfall hat außerdem die gleiche Form wie der Nominativ. Je nach der Funktion im Satz kann z.B. *mannen* mit „der Mann", „dem Mann" und „den Mann" übersetzt werden.

Das Schwedische hat den sog. „sächsischen Genitiv" ("*Dagen**s** Nyheter*"), der im Deutschen nur in der gehobenen Sprache, vor allem in der Dichtung vorkommt („Des Teufels General"). Oft ersetzt eine Präposition den Genitiv, wie in dem Satz: *Han minns inte färgen på bilen.* „Er kann sich nicht an die Farbe des Autos erinnern."

Das Genitiv-*s* kommt im Schwedischen auch im Plural vor. Es wird einfach an die bestimmte Form des Substantivs angehängt:

*Flickorna**s** sovrum* „Das Schlafzimmer der Mädchen"
*Barnen**s** garderob* „Die Garderobe der Kinder"

5

Die Stockholmer U-Bahn-Stationen sind in den Felsen gesprengt und zum Teil sehr phantasievoll ausgestaltet, so daß man oft den Eindruck hat, sich in einer Felsgrotte zu befinden.

9

Das Adverb

Eine Reihe von Adverbien sind im Schwedischen von Substantiven abgeleitet. Andere werden aus Adjektiven durch Anhängen von ***-t*** an die Grundform gebildet und stimmen mit der Neutrumform des Adjektivs überein. Unverändert bleiben die Adjektive *bra* und *gratis,* wenn sie als Adverbien verwendet sind. Eine andere Bildungsmöglichkeit ist das Anhängen von ***-vis*** an die Neutrumform des Adjektivs *(lycklig – t – vis → lyckligtvis).*

Eine häufig vorkommende Adverbendung ist auch *-**ligen***.

Formal eigenständige Adverbien sind z. B. *ofta, sällan, ibland, aldrig, alltid, här, där, hit, dit, gärna.*

Im Nebensatz stehen die meisten Adverbien vor dem Verb. Vergleichen Sie:

*Han är **ofta** i Malmö.* (Hauptsatz)
*Jag vet att han **ofta** är i Malmö.* (Nebensatz)

Das gilt auch für die Verneinung mit *inte:*
*Han är **inte** hemma.*
*Jag vet att han **inte** är hemma.*

11

Nu ska jag tala om…

Durch die Betonung bzw. Nichtbetonung einer Präposition kann sich im Schwedischen deren Bedeutung verändern.

unbetont	betont
Vi talade om honom. „Wir sprachen von ihm."	*Tala om för mig vad du heter.* „Sag' mir, wie du heißt."
Han hälsade på damerna. „Er grüßte die Damen."	*Hon hälsade ibland på mig.* „Sie besuchte mich manchmal."
Vad tycker du om honom? „Was hältst du von ihm?"	*Hon tycker om honom.* „Sie mag ihn."

på kvällarna

Die Pluralform drückt die Wiederholung des Vorgangs aus und hat als deutsche Entsprechung das Adverb „abends". Ebenso gebildet sind *på morgnarna* „morgens", *på fredagarna* „freitags", *på somrarna* „(immer) im Sommer" usw.

B Übungen

1 **1**

Worum handelt es sich?

1. Den är i universitetsbiblioteket i Uppsala. Den är från 500-talet.

   Det handlar om ______________________

2. Den utspelar sig på Gripsholms slott.

   ____

3. Den utspelar sig i Värmland.

   ____

   ____

4. Hans hem i Sundbo är ett museum numera.

   ____

5. Det är en gammal Hansastad.

   ____

6. Hans grav finns på en kyrkogård i närheten av slottet.

   ____

7. Många åker dit för att bada, men det finns också vackra gamla städer, t. ex. Ystad och universitetsstaden Lund.

   ____

2 ▶ 6

Bilden Sie aus dem zweiten Satz einen Relativsatz.

1. I Uppsala finns det ett stort universitetsbibliotek. Där kan man se Silverbibeln från 500-talet.

   ____

   ____

2. I närheten av Gripsholm är en kyrkogård. Där finns Kurt Tucholskys grav.

   ____

   ____

3. Det finns ett ridstall i närheten. Där skulle du kunna rida.

   ____

   ____

4. I Gamla Stan ligger slottet. Där bodde kungliga familjen förr i tiden.

   ____

   ____

5. Gotland är en semesterö. Där kan man cykla, bada och fiska.

   ____

   ____

6. Till höger är vardagsrummet. Där brukar vi äta middag och titta på TV.

   ____

   ____

7. Vimmerby är en liten kommun i Småland. Där utspelar sig Astrid Lindgrens bok „Alla vi barn i Bullerby“.

   ____

   ____

förr i tiden „früher“

3 ▶ 7

Die folgenden Personen äußern Wünsche, die sich auf jeweils eines der abgebildeten Piktogramme beziehen.

(Beispiel:)  Astrid: *Jag skulle vilja se midnatts-solen.*

1.  Britta: ______________________________

2.  Torsten: ______________________________

3.  Anna: ______________________________

4.  Ulf: ______________________________

5.  Stefan: ______________________________

6.  Anders och Ulla: ______________________________ *till Mallorca.*

7.  Gunilla och Sven: ______________________________

4 ▶ 9

Übung zum Adverb: Verwenden Sie die Adjektive, um das fehlende Adverb zu bilden. Tragen Sie die Adverbform in das Kreuzworträtsel ein.

Äpplet smakade (sur).
Anders kom för (sen) till förställningen.
Med tunnelbanan går det (fort).
Det smakade verkligen (god)
Brödet smakade mycket (söt).
Han talade mycket (bra) svenska.

sur „sauer“

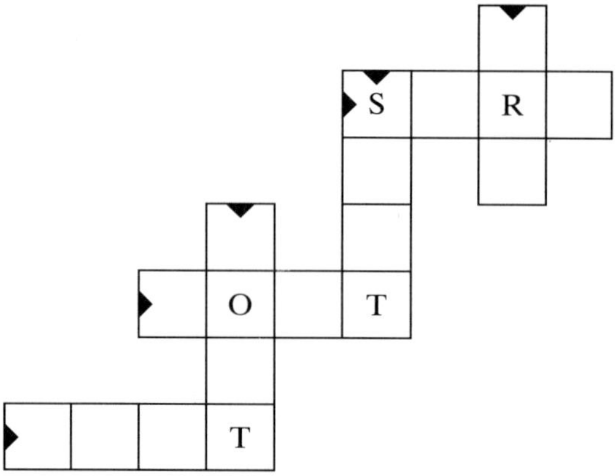

5 ▶ 12

Vem gör vad?

1. ______________ gör läxorna.
2. ______________ klipper gräsmattan.
3. ______________ förbereder sina lektioner.
4. ______________ tar hand om tvätten.
5. ______________ plockar in i diskmaskinen.
6. ______________ dukar bordet.
7. ______________ dammsuger.

6 ▶ 11

Fru Ekblads Schwester stellt einige Fragen, die Sie mit Hilfe der Antworten rekonstruieren können.

1. ______________________________

   De går upp vid 7-tiden.

2. ______________________________

   Det kan de göra själva tillsammans med Göran.

3. ______________________________

   Vid 6-tiden.

4. ______________________________

   Han sitter på sitt rum och förbereder sina lektioner.

5. ______________________________

   ____

   På fredag förmiddag när alla är i skolan eller på jobbet.

6. ______________________________

   Nej, bara varannan dag.

7. ______________________________

   Det gör Göran.

7 ▶ 13

Wie heißt die ungefähre Zeitbestimmung?

1. Ungarna stiger upp (kl 7.25, 7.30, 7.35)

   ______________ .

2. Vi äter frukost (kl 7.50, 8.00, 8.05, 8.12)

   ____________ .

3. (Kl 10.05, 10.15, 9.55, 9.50) __________

   ____ kommer brevbäraren.

4. (Kl 16.50, 16.55, 17.00, 17.12) _________

   _____ är alla hemma igen.

5. Vi brukar äta middag (kl 17.35, 17.30, 17.25, 17.20) ______________ .

6. (Kl 23.25, 23.30, 23.35, 23.20) _________

   ______ brukar vi lägga oss.

frukost, -en „Frühstück“
brevbärare (5) „Briefträger“

8

Schraffieren Sie auf der Schwedenkarte mit verschiedenen Farben die *landskap Skåne, Södermanland, Uppland, Värmland, Dalarna* und *Gotland*. Erläutern Sie in der nächsten Stunde, wie Sie verfahren sind (z. B. *Skåne är grönt)*.
(Vergleichen Sie dazu die Abbildung auf Seite 62 im Lehrbuch.)

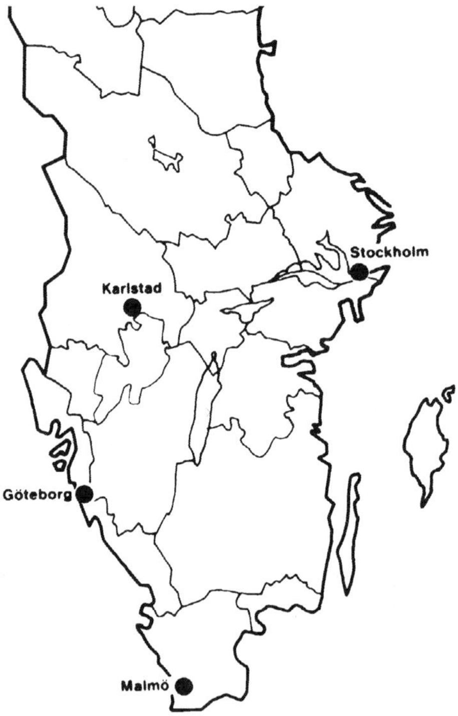

9

In den Minidialogen unten fehlt jeweils die adverbiale Bestimmung. Ergänzen Sie sie nach dem Gehör.

■ Jag skulle vilja åka skidor.
– Då är det bäst att åka till Åre.
  På Åreskutan finns det mycket snö ______
  ________ .

○ Jag skulle vilja gå på Wasamuseet.
– Det kan vi göra efter lunchen.
  Museet är stängt ____________ .

□ Var skulle vi kunna fiska?
– Bara ni har fiskekort kan ni göra det i varje insjö där det finns fisk!
□ När kan man köpa det?
– Det kan man köpa ____________ mellan klockan 10 och 17.

△ Är Sven hemma?
– Nej.
△ Vet du när han kommer hem?
– ____________ kommer han hem vid tolvtiden.

Lektion 11

A Anmerkungen und systematische Zusammenfassung

1

1977 gifte jag mig

Die Jahreszahl wird also nicht mit einer Präposition zusammen verwendet, in der Schriftsprache kann es auch *år 1977* „im Jahre 1977" heißen. Bei den Jahreszahlen faßt man die Zahlen paarweise zusammen: 1987 = *Nittonhundra åtti(o)sju.*

Du trivdes väldigt bra där.

Trivas ist, ebenso wie das weiter unten verwendete *minnas*, ein **Deponens**, d.h. ein Verb mit passiver Form und aktiver Bedeutung. (Weitere Beispiele in Lektion 14.)

Väldigt ist eines der umgangssprachlichen Wörter, die zur Verstärkung dienen. (Wörtlich übersetzt heißt *väldigt* „gewaltig".) Andere ausdrucksverstarkende Worter sind: *hemskt* „unheimlich" *(Jag är hemskt trött), fruktansvärt* „furchtbar" *(Det var fruktansvärt kallt)*, sowie Zusammensetzungen mit *jätte- (Det var jättekul, Det här är jättesvårt).*

... en jorden runt-resa

Wenn drei Substantive bzw. Eigennamen zusammengesetzt werden, setzt man einen Bindestrich zwischen dem zweiten und dem dritten Substantiv bzw. Eigennamen. Beispiele: *Selma Lagerlöf-sällskapet.*

3

Das Imperfekt

Das Imperfekt (auch Präteritum genannt) kommt zur Anwendung, wenn ein Vorgang als zeitlich abgeschlossen gelten kann. Das ist immer dann der Fall, wenn der Satz eine Zeitangabe enthält, die einen Zeitpunkt in der Vergangenheit bezeichnet.

Förra året
I går
Nyligen
För fem minuter sedan } *träffade jag Torsten.*

Die Vergangenheitsbildung richtet sich bei den sog. **schwachen Verben** (wie *köpa, handla, läsa, titta*) danach, wie die Personalendung Präsens gebildet ist. Enthält sie ein *a* (Beispiel: *han tit**tar***), bleibt dieses *a* auch bei der Bildung des Imperfekts erhalten; die Imperfektendung wird angehängt:

*han titt**a** - **de***

Wird das Präsens mit *e* gebildet (wie z.B. *han ring**er***), so hängt man die Imperfektendung direkt an den Stammkonsonanten an, das *e* entfällt.

*han ring - **de***

Wenn der Stammkonsonant „hart" (stimmlos) ist (es handelt sich dabei um die Konsonanten *k, p, s, t*), heißt die Imperfektendung *-te.*

*han läs - **te***

Die einsilbigen Verben, die im Präsens nur ein *-r* anhängen (wie z. B. *hon syr*), verkürzen den langen Stammvokal und verdoppeln das *d* der Imperfektendung:

hon sy - ***dde***
(kurz!)

Die sog. **starken Verben** bilden das Imperfekt, indem sie den Stammvokal verändern. Beispiele:

han äter→	*han åt*	„er aß“
han dricker→	*han drack*	„er trank“
han går→	*han gick*	„er ging“
han ser→	*han såg*	„er sah“

(In einigen Fällen tritt auch nur eine Verkürzung ein: *han kommer→ han kom* „er kam“.) Eine Übersicht über die starken Verben finden Sie im Anhang des Lehrbuchs auf S. 247 f.

7

In einem offiziellen Brief kann die Briefanrede weggelassen werden; man begnügt sich mit der (vollständigen) Adresse im Briefkopf. Die hier angegebene *postnummer* „Postleitzahl“ für Stockholm gilt nicht für ganz Stockholm; die Stadt ist vielmehr in Zustellbezirke eingeteilt, wie die deutschen Großstädte.

fr. o. m. lördagen

Die Entsprechung zu *fr. o. m. (från och med)* ist *t. o. m. (till och med)*. Im Deutschen würde man „von einschließlich“ bzw. „bis einschließlich“ sagen. (Abkürzungen können heutzutage auch ohne Punkte geschrieben werden.)

10

Der Genitiv ersetzt im Schwedischen die Präposition, die im Deutschen bei Maß- und Gewichtsangaben verwendet wird. *Det är fem minuters väg* entspricht also dem deutschen Satz „Es ist ein Weg **von** fünf Minuten“.

B Übungen

1 **1**

Wie machten es die Eltern in unserem Lesetext, als sie ein Kind bekamen und die Mutter
1. als *sjukvårdsbiträde* arbeitete, ___
2. ihren Mann in Amerika besuchte, ___
3. mehrere Monate im Krankenhaus lag? ___

Beantworten Sie die Fragen mit der zutreffenden Information rechts.

a) Han tog barnledigt.
b) Hon tog barnledigt.
c) De turades om att ta barnledigt.
d) Barnet var på dagis.
e) Barnet hade en dagmamma.
f) Barnet var hos mormor.
g) Barnet var hos grannarna.

turas om „sich abwechseln“

2 ▶ 1

Stellen Sie die kursiv gedruckten Satzteile an den Anfang. Beachten Sie, daß sich dabei die Stellung von Subjekt und Verb ändert!

1. Jag gifte mig *1977.*

   ____

2. Vi flyttade *sedan* till en lägenhet i Solna.

   ____

   ____

3. Jag började samarbeta med Göran *så småningom.*

   ____

   ____

4. Jag fick första pris i en fototävling *för två år sedan.*

   ____

   ____

5. Vi gjorde en jorden runt-resa *förra året.*

   ____

6. 1986 slutade jag *som sjukvårdsbiträde.*

   ____

7. Du trivdes väldigt bra *på daghemmet.*

   ____

3 ▶ 3

Bilden Sie die Imperfektformen.

1. 1970 (träffar) ____________ jag Göran för första gången.
2. Han (tror) ____________ att jag var kär i en annan.
3. 1977 (gifter) ____________ vi oss.
4. Min bröllopsklänning (syr) ____________ jag själv.
5. Senare (flyttar) ____________ vi till en lägenhet i Solna.
6. 1982 (köper) ____________ vi den här villan.
7. När jag (råkar) ____________ ut för en bilolycka tog Göran barnledigt.

bröllopsklänning (2) „Brautkleid"

4 ▶ 5

Detektiv Andersson hat Notizen über seine Beobachtungen gemacht. Bilden Sie Sätze mit Hilfe der Angaben unten.

Den tolfte mars spelade Herr Alm squash.

2 mars/går på bio
3 mars/äter på restaurang Vasa
4 mars/flygger till Danmark
6 mars/kommer tillbaka
7 mars/ får ett bra jobb på Skanska
8 april/gifter sig
10 april/tar semester

1. ______________________________
2. ______________________________

   ____
3. ______________________________

   ____
4. ______________________________
5. ______________________________

   ____
6. ______________________________
7. ______________________________

5 ▶ 7

Beantworten Sie die Fragen.

Mirjam Andersson
Kyrkvägen 33, 3 tr
540 66 Sjötorp

Sjötorp 15 juni

stuga, 3 r o k

sv t Maria Johansson

1900:-/v.

två rum, 15 m² resp. 12 m²

1. Var bor Mirjam?

   ____

2. På vilken våning bor hon?

   ____

3. Vilket postnummer har hon?

   ____

4. När skrev hon brevet?

   ____

5. Vad betyder förkortningarna?

   ____

   ____

   ____

förkortning (2) „Abkürzung"

6 ▶ 10

Verwandeln Sie die Angaben in den Skizzen in Worte.

(1)

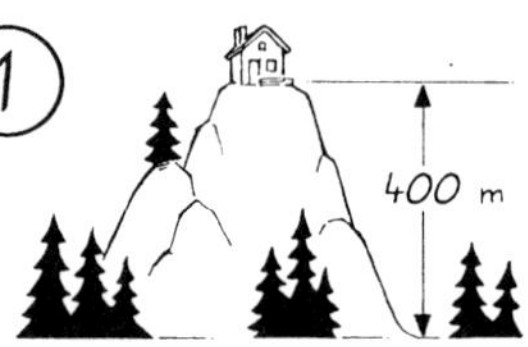

Stugan ligger på
.... höjd.

(2)

Båten ligger på
.... djup.

(3) Det är bara ....
väg till centralen.

(4)

Vi
behöver en
....
flaska.

(5)

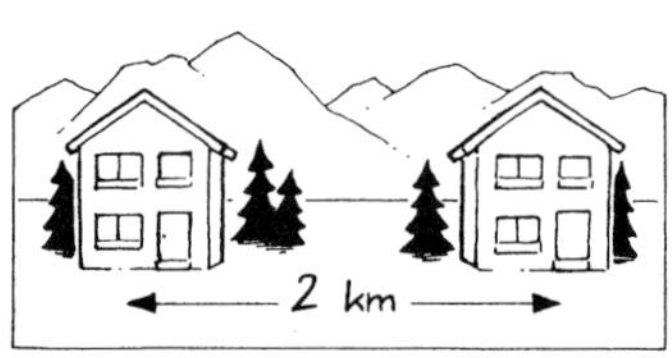

Husen ligger på
.... avstånd.

(6)

Vad kostar de här
.... säckarna?

djup "Tiefe"

7 ▶ 12

An wen wendet sie sich (wohin geht sie)?

1. Hon vill hyra en lägenhet.

   Hon vänder sig till ______________________

2. Hon söker en partner.

   Hon går till ______________________

3. Hon vill hyra ett rum.

   ____

4. Hon behöver ett arbete.

   ____

5. Hon är på stan och ska ringa till sin syster i Tyskland.

   ____

6. Hon behöver låna 2000 kronor.

   ____

8

Stockholm på 1700-talet

Den del av Stockholms centrum där nu Stureplan och Birger Jarlsgatan ligger var på 1700-talet ett grönsaksrike. Där låg många stora trädgårdar. Stod man uppe på Östermalmstorg som då hette Ladugårdslandstorg och tittade över planket där nu Östermalms saluhall står såg man den ena täppan efter den andra mellan bodar och små hus med brutet tak. Där Berzelii park senare anlades fanns bara en liten å som rann ut i en vik.

Suchen Sie aus dem unbekannten Text die Imperfektformen heraus, die Sie zur Vervollständigung der Sätze brauchen. Der Infinitiv steht jeweils in Klammer.

1. Kerstin (vara) ______________ aldrig hemma på kvällarna.
2. I går (se) ______________ jag en svensk film.
3. Vad (heta) ______________ staden där vi tillbringade semestern 1989?
4. När jag kom hem (ligga) ______________ hennes brev på bordet.
5. I vardagsrummet (stå) ______________ en gammal Moraklocka.
6. Förr i tiden (finnas) ______________ det en liten affär i huset.

9

Sie hören einige Antworten aus einem Dialog. Stellen Sie fest, welche der Fragen, die Sie unten finden, zu der jeweiligen Antwort passen.

a) Hur långt är det till stranden? ______

b) Vad är hyran? ______

c) Finns det centralvärme? ______

d) När ska vi höra av oss? ______

e) Ska man ta med sig lakan och filtar? ______

f) Finns det TV? ______

g) Hur stora är rummen? ______

h) Hur många rum har lägenheten? ______

Lektion 12

A Anmerkungen und systematische Zusammenfassung

1

Bei Restaurantbesuchen empfiehlt es sich in Schweden, einen Tisch zu bestellen. In besseren Restaurants nimmt man nicht einfach an einem Tisch Platz, an dem noch Plätze frei zu sein scheinen, sondern wartet, bis man vom *hovmästaren* (er ist eher eine Art Empfangschef als ein „Ober") seine Plätze zugewiesen bekommt. Die eventuell schon am Tisch sitzenden Gäste möchten den Tisch, den sie bestellt haben, für sich haben. Es können sich also vor den Restaurants Schlangen bilden, obwohl noch einzelne Plätze frei zu sein scheinen.

Bei der Aufzählung von Speisen, die bestellt werden sollen bzw. bestellt worden sind, verwendet man keine Pluralform: *Vi tar tre kalvfilé Oscar.*

Någonting att dricka?

Die Bedienung könnte auch fragen: *Vad önskas att dricka?* „Was wird zu trinken gewünscht?" Man vermeidet in solchen Fällen meistens die direkte Anrede. Vergleichen Sie folgende Wendungen:

Hur står det till? „Wie geht es?"
Det går bra att betala i kassan. „Sie können an der Kasse bezahlen."
Vad får det lov att vara? „Was darf es sein?"

6

Ohne Vokalendung verwendet, bezeichnen die im Kasten aufgeführten Adverbien eine **Richtung**, in der eine Handlung abläuft. Mit Vokalendung (*-a* bzw. *-e*) bezeichnen sie den **Ort**, an dem sich etwas abspielt. Es gibt aber auch übertragene Bedeutungen, auf die unsere Sprechblasen auf S. 78 bezug nehmen.

9

I morse

„Heute morgen" ist wie *i fredags* „letzten Freitag" eine Zeitangabe, die sich auf Vergangenes bezieht. Sie kann also erst verwendet werden, wenn der Morgen schon vorbei ist, andernfalls sagt man *idag på morgonen* oder *nu på morgonen.*

Bitti wird nur für zukunftsbezogene Zeitangaben verwendet. Es ist aus *bitida* „beizeiten" entstanden, wird aber mit „früh" wiedergegeben.

Idag (oft auch *igår*) wird heutzutage gewöhnlich in einem Wort geschrieben.

B Übungen

1 ▶ 2

In welcher Reihenfolge können die folgenden Sätze in einem Restaurant-Gespräch vorkommen? Erstellen Sie daraus einen Dialog.

Det är jämnt! ☐
Någonting att dricka? ☐
Jag tar älgstek med champinjonsås. ☐
Goddag och välkomna! Var det beställt? ☐
Jag ringde i morse. Mitt namn är Ek. ☐
En karaff rödvin, tack! ☐
Kan jag få se på matsedeln? ☐
Tack, och välkomna åter! ☐
Just det. Det är fönsterbordet där borta! ☐
Jag skulle vilja betala. ☐
Det blir 350 kronor, tack. ☐
Varsågod! ☐

2 ▶ 2

Die Bedienung rechnet den Rechnungsbetrag aus. Rechnen Sie nach. (Das Bedienungsgeld ist im Preis enthalten.) Rechnen Sie auf schwedisch!

1 räkcocktail	85:–
2 fasanbröst med gräddsås	370:–
1 kalvfilé Oscar	185:–
1 gravlax	72:–
1 Sjörövartallrik	60:–
1 karaff vin	55:–
3 glass à 25 kronor	75:–
1 osttallrik	65:–
1 apelsinjuice	20:–
	1087:–

Stimmt der Betrag?

3 ▶ 2

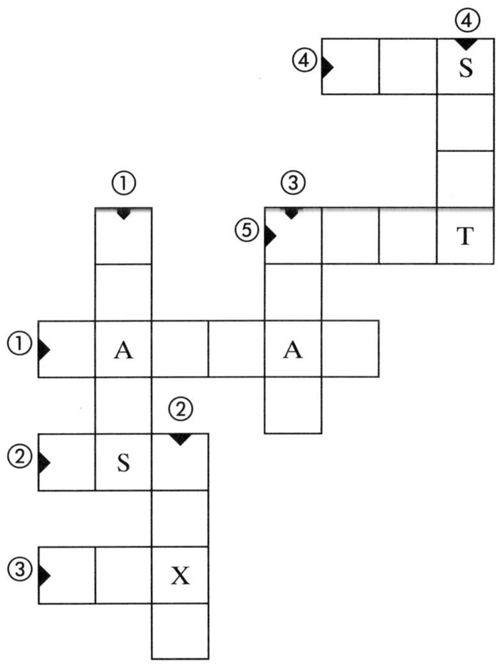

Lodrätt (senkrecht):

1. Det tycker ungarna om.
2. Det beställer man när man ska gå på restaurang och inte vill använda bilen.
3. Ur det kan man t.ex. dricka vin.
4. Det använder vi för att smaksätta maten

Vågrätt (waagrecht):

1. Det kan man göra av morötter, tomater, paprika etc.
2. Det äter man ofta som efterrätt.
3. Det är en fisk.
4. Det kan du t.ex. göra med hjälp av grädde och äta till fasanbröst.
5. Det här smakar verkligen …

smaksätta „würzen“

4 ▶ 4

Sie bestellen einen Tisch im Restaurant (*5 personer, i kväll kl 19, fönsterbord*)

____

____

Wie fragen Sie die Bedienung, ob sie ein typisches schwedisches Essen empfehlen kann?

____

____

Beim Essen fehlt eine Gabel, das Fleisch ist etwas zäh – wie reklamieren Sie?

____

____

Was sagen Sie, wenn Sie die anderen einladen wollen?

____

Wie drücken Sie sich aus, wenn Sie von der Bedienung kein Restgeld zurückhaben wollen?

____

5 ▶ 5

Kreuzen Sie das Zutreffende an. Sie dürfen dazu gerne die Speisekarte auf Seite 77 des Lehrbuchs benutzen.

1. Hälleflundra är *en fiskrätt.* / *en kötträtt.* / *fågel.*
2. Oxbringa är *en fiskrätt.* / *en kötträtt.* / *vilt.*
3. Ugnstekt kyckling är *skaldjur.* / *fisk.* / *fågel.*
4. Krabba är *ett skaldjur.* / *en grönsaksrätt.* / *fisk.*
5. Fylld kalkon är *vilt.* / *fågel.* / *en grönsaksrätt.*
6. Ostfrästa jordärtskockor är *fisk.* / *skaldjur.* / *en grönsaksrätt.*
7. Älgstek är *vilt.* / *fågel.* / *fisk.*

6 ▶ 6

Unterstreichen Sie die jeweils richtigeForm.

1. Bordet är där bort/borta!
2. Träffas Lena? – Hon är tyvärr inte in/inne (= hemma).
3. Vi gick uppe/upp i tornet.
4. Det var inte så lätt att ta borta/bort fläcken!
5. Idag kan vi inte sitta ut/ute, det regnar.
6. Upp/uppe på tornet var det mycket kallt.
7. Ska vi gå inne/in på någon restaurang?
8. När det regnar kan vi inte gå ut/ute.

torn (5) „Turm“
fläck (2) „Fleck“

7

Was gehört zusammen?

1. en räk______________ (ein Wort!)
2. en ______________ vin.
3. en ______________ kaffe.
4. en ______________ vaniljglass.
5. en ost______________ (ein Wort!)
6. en mat______________ (ein Wort!)
7. ett ______________ apelsinjuice.

portion sedel glas
cocktail karaff kopp tallrik

8 ▶ 9

Übersetzen Sie folgende Zeitangaben ins Schwedische:

1. heute früh ____________________
2. morgen früh ____________________
3. gestern früh ____________________
4. morgen ____________________
5. heute abend ____________________
6. gestern abend ____________________
7. übermorgen ____________________
8. vorgestern ____________________

9

Die Bedienung wiederholt noch einmal die Bestellung der Gäste. Hören Sie gut zu; es sind einige Speisen dabei, die nicht bestellt worden sind. Prägen Sie sich vorher noch einmal den Inhalt von Lesetext 2 im Lehrbuch ein!

Kalvfilé Oscar
Sjörövartallrik
Ostfrästa jordärtskockor
Hälleflundra
Gravlax
Räkcocktail
Fasanbröst
Älgstek

Lektion 13

A Anmerkungen und systematische Zusammenfassung

1

Substantive werden durch Zusammenschreibung verbunden. Beispiel:
vägg + skåp = väggskåp

In bestimmten Zusammensetzungen wird ein *s* zwischengeschaltet. Beispiel:

kök + klocka = köksklocka

In Lektion 27 finden Sie weitere Arten von Komposita (zusammengesetzte Substantive).

... och ha kul

Kul gehört zu den Adjektiven, die keine Neutrumform bilden können (wie *gratis, bra, fel*).

3

Javisst, bara du visar var du har skålarna.

Dem entspricht sinngemäß *om du bara visar...* „wenn du nur zeigst ...“

lagom stor

Lagom drückt aus, daß etwas der Norm entspricht bzw. keine extremen Eigenschaften aufweist. Die Übersetzung des alleinstehenden *lagom* ist „gerade richtig“; doch kann sich das Wort mit den verschiedensten Adjektiven verbinden (*lagom varm(t), lagom stor(t), lagom hög(t), lagom bred (brett)* etc.).

7

Middag

ist nicht ganz das gleiche wie das deutsche Wort „Mittagessen“, da es nicht mittags, sondern am Spätnachmittag oder abends eingenommen wird. Andererseits ist es die Hauptmahlzeit, während *lunch* (zwischen 12 und 13 Uhr eingenommen) nur eine Art Zwischenmahlzeit ist.

Die Hauptmahlzeit liegt in Schweden relativ spät, weil die Kinder im Kindergarten (*på dagis*) oder in der Schule, und die Eltern im Büro bzw. Betrieb eine Zwischenmahlzeit (*lunch*) einnehmen.

Gående bord

ist ein Buffet, um das man herumgeht, um sich zu bedienen (daher „gehender Tisch“). Es gibt diese Art der Selbstbedienung auf den großen Fährschiffen, in Hotels und bei Empfängen.

9

Knytkalas

ist eine Art von Picknick, zu dem man früher das Essen in einem geknüpften Tuch (*knyte*) mitbrachte. Heute meint man damit nur, daß alle Gäste irgendwelche Speisen mitbringen.

▶ 10

Perfektpartizip der schwachen Verben

Man unterscheidet im Schwedischen zwischen dem **veränderlichen Perfektpartizip,** das genau so wie ein Adjektiv dekliniert wird, und dem **unveränderlichen Supinum,** das ausschließlich zur Bildung des Perfekts und des Plusquamperfekts verwendet wird. Unterscheiden Sie:

Perfektpartizip	**Supinum** (vgl. Lektion 15)
*Köket är nymåla**t**.*	*Han har (hade) målat* { *köket.*
*Stolen är nymåla**d**.*	*stolen.*
*Köken (stolarna) är nymåla**de**.*	*köken (stolarna).*

Wenn das Perfektpartizip auf *-ad* endet, werden die schwache Form Singular (vgl. Lektion 8, 8) und die Pluralform durch ein angehängtes ***-e***, und nicht wie sonst durch ein *-a* gebildet. Vergleichen Sie:

det nya köket/nya kök
*det nymålad**e** köket / nymålad**e** kök*

Die einsilbigen, auf langen Vokal endenden Verben (wie *sy* und *bo*) werden kurz und erhalten die Partizipendung *-dd* bzw. *-tt (Neutrum).*

B Übungen

1 ▶ 1, 3

Sie ziehen in Schweden um und wollen sich eine neue Kücheneinrichtung kaufen. Sie brauchen auch neues Geschirr. Machen Sie eine Einkaufsliste.

2 ▶ 3

Hier ist einiges durcheinandergeraten. Verbinden Sie das Zusammengehörende.

1. Med skeden ______
2. I skålen ______
3. I mikrovågsugnen ______
4. I frysboxen ______
5. Med kaffekvarnen ______
6. I stekpannan ______
7. I karaffen ______

a) kan du steka en oxfilé.
b) kan du äta soppa.
c) kan du snabbvärma maten.
d) kan du ha sallad.
e) kan du ha vin.
f) kan du ha djupfryst mat.
g) kan du mala kaffe.

mala, mal „mahlen“
snabbvärma, -er „schnell erhitzen“

3 ▶ 3

Wie bereitet man *köttbullar* zu?
Beantworten Sie die Fragen!

1. Vad gör man med löken?

____

____

2. Hur mycket smör behöver man?

____

3. Vad gör man med potatisen?

____

4. Vad gör man med ingredienserna?

____

____

5. Vad behöver man för att smaksätta färsen?

____

6. Vad formar man färsen till?

____

____

7. Vad kan man äta till köttbullarna?

____

4 ▶ 4

Für welche schwedischen Begriffe stehen diese Abkürzungen und was bedeuten sie?

1. msk ______________
2. tsk ______________
3. dl ______________
4. g ______________
5. kg ______________
6. l ______________

5 ▶ 9

Um welche Formen der Bewirtung bzw. welche Stätten der Bewirtung handelt es sich?

a) en restaurang med självservering
b) en kafeteria
c) ett knytkalas
d) en restaurang med bordsservering
e) ett gående bord
f) en middag i hemmet

1. Du tar en tallrik och går runt bordet där de olika maträtterna står. *Det handlar om* ______________________
2. I går sa vi till våra närmaste vänner: Kom som ni är och ta med er en grillad kyckling och lite sallad. ______________
3. När vi kom in frågade oss hovmästaren om det var beställt. ______________ ______________________
4. Man tar en bricka och tar själv vad man vill ha. Sedan går man till kassan och betalar. ______________________ ______________________
5. Klockan 6 bjöd oss Pia och Ulf på älgstek. ______________________
6. Vi träffades på varuhuset och drack en kopp kaffe. ______________________

6 ▶ 9

Setzen Sie das fehlende Adjektiv in der richtigen Form ein.
jämn – guldgul – lagom – rund – stekt – vacker – trevlig

1. Jag vill ha ett ______________ kök!
2. Fräs löken ______________ .
3. Forma färsen till ______________ bollar.
4. Vi håller tummarna för ______________ väder!
5. Den här skålen är ______________ stor.
6. Ta med en ______________ kyckling!
7. Färsen ska vara ______________ .

7 ▶ 10

Entscheiden Sie, ob am Wortende ein *d (dd)* oder ein *t (tt)* stehen muß.

1. Brödet är rosta___
2. Maten är färdiglaga___
3. Smöret är bryn___
4. Steken är vidbrän___
5. Bordet är beställ___
6. Villan är obebo___
7. Slottet är obebo___
8. Kavajen är skräddarsy___

bebo, -r „bewohnen“

8 ▶ 10

Das Kochbuch hat durch häufigen Gebrauch Flecken bekommen. Versuchen Sie trotzdem, die Rezepte zu lesen.

Janssons frestelse

1. Strimla den skalad● potatisen.
2. Fräs den skivad● löken i smöret.
3. Varva ned den strimlad● potatisen och den fräst● löken i en eldfast form.

strimla, -r „in Streifen schneiden"
skala, -r „schälen"
skiva, -r „in Scheiben schneiden"
varva, -r ned „untermischen"

Köttbullar

4. Fräs löken i det lättbrynt● smöret.
5. Arbeta samman löken och den mosad● potatisen till en jämn färs.
6. Servera de färdigstekt● bullarna med potatis och grönsallad.

9

Matpyramiden. Benutzen Sie das Verzeichnis unten, um die Speisen in der Pyramide zu bezeichnen.

Bilden till höger visar vad en vuxen person behöver per dag:

4 skivor mjukt bröd
2 bitar hårt bröd
2 skivor ost
30 gram matfett
4 potatisar
50 gram mjöl eller makaroner
2 glas mjölk
mycket grönsaker och frukt
lite kött och fisk
inget öl
ingen läsk
inget godis

mjuk „weich"
hård „hart"
matfett (5) „Speisefett"
makaroner „Makkaroni"
läsk, -en „Limo"

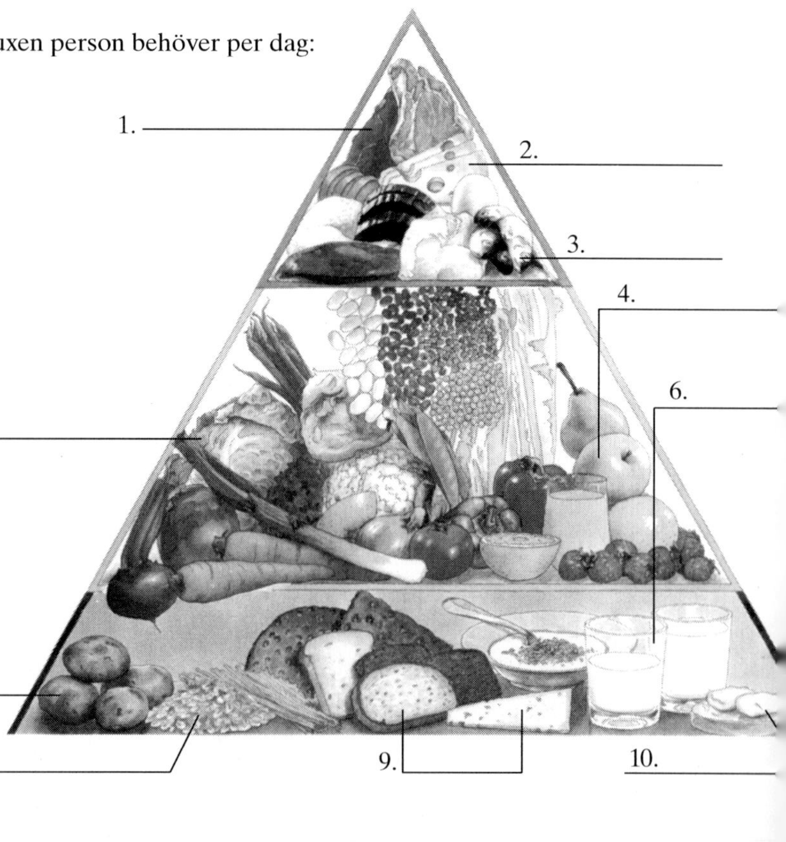

Lektion 14

A Anmerkungen und systematische Zusammenfassung

1

kvalmatchen Sverige-Italien

Es handelt sich um die Abkürzung von *kvalificeringsmatchen.* Das Schwedische hat eine Vorliebe für solche Wortverkürzungen. Vergleichen Sie z.B. *Obs!* = *Observera!* „Beachten Sie", *kolla* = *kollationera* „nachpüfen", „kontrollieren", *moms* = *mervärdesskatt* (früher ***om**sättningsskatt*) „Umsatzsteuer".

... intresserade av fotboll

Dagegen sagt man *intressera sig **för*** und *ha intresse **för** någonting.*

inte ... heller

Es handelt sich um eine Konjunktion innerhalb des Satzes, deren beide Teile nicht zusammenstehen müssen. (Vergleichen Sie dagegen „auch nicht".)

... om jag bara kunde övertyga dig ...

Die Imperfektform von *kunna* wird auch als Konjunktiv verwendet und entspricht dem deutschen „könnte".

Jag har redan missat ...

Missat ist **Supinum,** d.h. eine unveränderliche Form, die zur Perfektbildung verwendet wird. (Zum Gebrauch des Perfekts siehe Lektion 15.)

3

Deponens / Reziprokes Verb

Die sog. **Deponentien** (Singular: Deponens) sind Verben, die sich äußerlich nicht von der Passivform anderer Verben unterscheiden (***s***-Endung), die aber keine passive Bedeutung haben. Einige Verben kommen sowohl als Normalverb wie auch als Deponens vor:

Han hoppade. „Er sprang."
Han hoppades. „Er hoffte."

Han saknar sin fru. „Er vermißt seine Frau."
Här saknas en stol. „Hier fehlt ein Stuhl."

In einigen Fällen kann das Deponens auch eine Eigenschaft ausdrücken:

Hunden bits. „Der Hund ist bissig."
Biet sticks. „Die Biene kann stechen."

Das Imperfekt wird durch Anhängen von *-s* an die Imperfektendung *-de, -te* oder *-dde* gebildet:

Han andades. „Er atmete."
Han trivdes. „Es gefiel ihm gut."
Han bråddes på sin far. „Er schlug seinem Vater nach."

Bei den starken Verben wie z. B. *umgås* „verkehren" wird das *-s* an die Imperfektform des Verbs angehängt:

De umgicks bara med grannarna. „Sie verkehrten nur mit den Nachbarn."

Das **reziproke Verb** sieht aus wie ein Deponens, drückt aber die Wechselseitigkeit einer Handlung aus. Im Deutschen erfüllt das Reflexivpronomen diese Funktion. Vergleichen Sie:

De enas. „Sie einigen sich."

▶ 4

Rea

ist die Abkürzung von *realisation* und bedeutet soviel wie Schlußverkauf, d.h. eine Gelegenheit, billig einzukaufen. Jeweils im Februar findet die große *bokrea* statt.

▶ 5

Die zum Verb gehörende Präposition tritt im Schwedischen oft ans Ende des Satzes: *Vem väntar du **på**?* „Auf wen wartest du?" Im indirekten Fragesatz und im Relativsatz steht die zum Verb gehörende Präposition prinzipiell am Satzende:

*Berätta vad du har drömt **om**.* „Erzähle, wovon du geträumt hast."
*Det här är flickan som han är kär **i**.* „Das ist das Mädchen, in das er verliebt ist."

▶ 7

Varsågod

sagt man, wenn man jemandem etwas anbietet oder gibt. Seltener wird es – ebenfalls als Entsprechung zum deutschen „bitte" – als Erwiderung auf das Dankeswort *tack* benützt. Man kann stattdessen die Wendungen *För all del!*, *Det var så lite!* oder *Tack själv!* verwenden.

B Übungen

1 ▶ 1

Berichtigen Sie die Aussagen unten.

1. Familjen enas om ett TV-program.
2. Mamma älskar sportprogram.
3. Maria tycker att de amerikanska familjeserierna är spännande.
4. Ulf är intresserad av deckare.
5. Pappa vill se en svensk långfilm.
6. Ulf avstår och går upp till sitt rum.
7. De enas om att se den amerikanska familjeserien.

2 ▶ 1

Ergänzen Sie die fehlenden Präpositionen.

1. Familjen kan inte enas ☐☐ ett program som passar alla.
2. Det är ett underhållningsprogram som alla pratar om ☐ skolan.
3. Det börjar ☐☐☐☐☐ pappans sportprogram.
4. Ulf är trött ☐☐ deckare.
5. De andra är inte intresserade ☐☐ fotboll.
6. Maria vill ha ett slut ☐☐ grälet.
7. Au pair-flickan är i Sverige ☐☐☐ att lära sig svenska.

3 ▶ 1

Sehen Sie sich das Fernsehprogramm im Lehrbuch an (S. 85) und schreiben Sie auf, was Sie sehen möchten. Die anderen machen es ebenso. Vergleichen Sie in der nächsten Stunde, was Sie jeweils gewählt haben und stellen Sie fest, wieviele Kursteilnehmer Programm 1, 2 usw. sehen wollen. Stellen Sie ein Programm zusammen, das die Mehrheitsmeinung berücksichtigt!

4 ▶ 3

Wer sagt was?

1. ______________________________,
   säger fru Ek till sin man som ska posta brevet.
2. ______________________________,
   säger Anna som bor i Uppsala.
3. ______________________________,
   svarar Karin när hennes man vill ha Kristinas telefonnummer.
4. ______________________________,
   svarar Eva på frågan om det ska bli vackert väder.
5. ______________________________,
   säger Göran om sin fru när hon får första pris i en fototävling.
6. ______________________________,
   frågar Pia när maten är klar.
7. ______________________________,
   säger pappa som inte tror att Tomas är sjuk. Pappa vet att Tomas ska ha en skrivning i morgon.

(en) skrivning „(eine) Schulaufgabe“

5 ▶ 4

Finden Sie die passende Charakterisierung des jeweiligen Romantitels!

1. *Pappor och deras döttrar* („Väter und ihre Töchter“) ___
2. *Midnattsmördaren* („Der Mitternachtsmörder“) ___
3. *Ingenjör Andrées luftfärd* („Ingenieur Andrées Luftreise“) ___
4. *Vampyrernas sexualliv* („Das Sexualleben der Vampire“) ___
5. *Till Lappland i Linnés fotspår* („Nach Lappland in Linnés Fußspuren“) ___
6. *En handikappades dagbok* („Tagebuch einer Behinderten“) ___
7. *Sveriges neutralitet* („Schwedens Neutralität“) ___

a) en fascinerande bok
b) en skakande skildring
c) en djupgående analys
d) en spännande thriller
e) en jätterolig bok
f) en underhållande roman
g) en intressant reseskildring

thriller „Thriller, Schocker“

6 ▶ 5

Verwandeln Sie die Sätze in Relativsätze.

1. Jag intresserar mig för båten.

   Där är båten som ____________________

   ____.

2. Boken handlar om en ballongresa.

   Vad vet du om ballongresan som __________

   ____?

3. Alla pratar om TV-programmet.

   Han vill se TV-programmet som __________

   ____.

4. Mamma väntar på TV-serien.

   I kväll kommer TV-serien som __________

   ____.

5. Han brevväxlar med en svenska.

   Känner du svenskan som ____________

   ____?

6. Alla lånar pengar av Tomas.

   Känner du Tomas som ______________

   ____?

7. Vi bodde på ett gammalt hotell.

   Vad hette hotellet som ______________

   ____?

ballong (3) „Ballon“
brevväxla, -r „in Briefwechsel stehen“

7

Kanal 1

19.40 Ormens väg på hälleberget
Svensk långfilm från 1986.
Bo Widerbergs filmatisering av Torgny Lindgrens roman. Handlingen utspelar sig på 1860-talet i Västerbottens skogar.
I rollerna: Stina Ekblad, Stellan Skarsgård, Reine Brynolfsson, Pernilla Östergren, Tomas von Brömssen, Pernilla Wahlgren, Ernst Günther, Birgitta Ulfsson och Nils Brandt. Text-TV-textat.

Beantworten Sie die Fragen.

1. Vad heter filmen? ____________________

   ____

2. Från vilket år är filmen? ______________
3. Vad heter regissören? ________________
4. Widerberg har filmatiserat en roman. Vem är författare till romanen? ____________

   ____

5. Var utspelar sig (utspelas) handlingen?

   ____

   ____

6. När utspelar den sig? ________________

   ____

7. Har filmen svensk text? ______________

8

Wir hören die Programmansage von TV 2. Notieren Sie, wann die folgenden Sendungen beginnen.

Bit för bit ____________________

Magister Flykt ____________________

Lilla sportspegeln ____________________

Rapport med väder ____________________

Mitt i naturen ____________________

Motpolare ____________________

Dirigentens återkomst ____________________

Bei welcher Sendung handelt es sich um

a) einen Zeichentrickfilm *(tecknad serie)* ____________________ ,

b) eine Sendung über die Welt der Computer *(datorernas värld)* ____________________ ,

c) eine Sendung über die Rückkehr eines berühmten Dirigenten nach Estland ____________________ ,

d) eine Sportsendung ____________________ ?

Lektion 15

A Anmerkungen und systematische Zusammenfassung

1

… den gamla goda tiden.

Vergleichen Sie „die gute alte Zeit". Die Wortstellung ist auch in *år ut och år in* sowie in *dag ut och dag in* anders als im Deutschen. Vergleichen Sie „jahrein, jahraus", „tagein, tagaus".

Prylar

ist stark umgangssprachlich. Gemeint sind *föremål* „Gegenstände", *saker* „Sachen".

…, var du än handlar.

Än kann auch mit *vad, vem* usw. kombiniert werden:

vad du än köper „was immer du kaufst"
vem du än känner „wen immer du kennst" usw.

Vare sig du vill köpa eller sälja, …

Vare ist eine alte Konjunktivform, die dem deutschen Konjunktiv entspricht (vergleichen Sie: Sei es daß du… oder…). Für die indirekte Rede wird im Gegensatz zum Deutschen kein Konjunktiv verwendet. Man sagt also *Han säger att han* ***är*** *hemma.* „Er sagt, daß er zu Hause sei."

2

Jo

wird in der Antwort anstelle von *ja* verwendet, wenn die Frage verneint ist: *Är du inte hungrig? – Jo!* „Bist du nicht hungrig? – Doch!" Außerdem kann das *jo* wie hier ein ausdrucksverstärktes *ja* sein. (In Nordschweden wird es immer anstelle von *ja* verwendet.)
Evert Taube war wohl der populärste schwedische Liedermacher der Neuzeit.

Äsch!

gehört zu den zahlreichen Ausrufen (Interjektionen) des Schwedischen, in denen sich die Gefühle des Sprechenden ausdrücken. Weitere Interjektionen:

Usch! (Ausdruck des Abscheus, oder des Gruselns)
Aj! „Au!"
Ojdå! (Ausdruck des Erstaunens)
Fy! „Pfui!"

Vad sägs om de här tekopparna?

Ein Beispiel für die Vorliebe des Schwedischen für unpersönliche Wendungen. Es handelt sich um eine passive Verbform, die die persönliche Anrede ersetzt.

3

Das Perfekt

wird vor allem dann verwendet, wenn es nicht auf den Vorgang (die Handlung) selbst, sondern auf das Ergebnis ankommt. In dem Satz *Har du läst boken?* wird z. B. danach gefragt, ob man das Buch kennt; der Zeitpunkt des Lesens interessiert nicht.

Wenn man sagt *Vad har du gjort idag?* geht man davon aus, daß der Tag noch nicht vorüber ist; man verwendet deshalb das Perfekt, obwohl man nach Dingen fragt, die schon geschehen sind.

In dem Satz *Hur länge har du varit i Sverige?* bringt man zum Ausdruck, daß man sich noch in Schweden befindet. Im Deutschen würde man stattdessen sagen: „Wie lange bist du schon in Schweden?“ oder „Seit wann bist du in Schweden?“

6

Jag har glömt kvar min handväska...

Hier ist das Perfekt angebracht, weil der Vorgang für Kerstin Strand noch nicht abgeschlossen ist. Es geht ja darum, wo die Tasche jetzt ist und wie sie wieder beschafft werden kann.

Hur åkte du?

Hier ist das Imperfekt angebracht, weil es sich um einen zeitlich und räumlich abgeschlossenen Vorgang handelt, der exakt bestimmt werden muß, um den Taxichauffeur ausfindig machen zu können.

B Übungen

1 1

När du är på loppmarknaden kan du passa på och handla i Skärholmens köpcentrum.

Ergänzen Sie die folgenden Sätze sinngemäß nach dem Muster oben.
(Vielleicht finden Sie hier etwas Passendes: *handla parfym – köpa en tidning – titta på den gamla träkyrka som finns där – köpa frimärken/posta brev – besöka Selma Lagerlöfs barndomshem Mårbacka – gå till Mister Minit – bjuda dina närmaste vänner också.*)

1. När du är på varuhuset kan du passa på och ______________________________ ______________________________
2. När du är på posten kan du passa på och ______________________________
3. När du är på båten till Danmark kan du passa på och ______________ ______________________________
4. När du handlar cigaretter i tobaksaffären kan du passa på och ______________ ______________________________
5. När du bjuder dina släktingar på knytkalas kan du passa på och ______________ ______________________________

6. När du åker till Skansen kan du passa på och

____

____

7. När du reser till Värmland kan du passa på

och ________________________________

____

träkyrka (1) „Holzkirche“
släkting (2) „Verwandter“

2 ▶ 2

Von welchen Dingen, die auf dem Flohmarkt erworben wurden, ist die Rede?

A: ”Nils Holgerssons underbara resa genom Sverige.”

A talar om ________________________.

B: De matchar min gamla kavaj.

B talar om ________________________.

C: Bra att ha under bordet i vardagsrummet.

C talar om ________________________.

D: Det kan du behöva när du vill tvätta salladen.

D talar om ________________________.

E: Den är från 1890 och visar Siljan.

E talar om ________________________.

F: I den finns det många gamla recept.

F talar om ________________________.

G: Det här kan vi fälla ner när bara du och jag sitter vid det.

G talar om ________________________.

fälla, -er ner „herunterklappen“

3 ▶ 2

Setzen Sie die passenden Adjektive ein!

rutiga · lönande · gammal · gamla goda · välbehållen · söta · hjärtligt

1. Det är ett ______________ utflyktsmål.
2. Den tid som har gått kallar vi ibland den ______________________________.
3. Det här en ______________ våg från 1800-talet.
4. Den här grammofonen är ______________ ______________ och kostar bara 100 kronor.
5. De här tekopparna är verkligen ______________ ______________________________!
6. Jag tar den här ______________ kavajen.
7. Du är alltid ______________ välkommen!

våg (2) „Waage“

4 ▶ 2

Erfinden Sie einen Dialog, der folgende Momente enthalten soll:
för dyr – från 1700-talet – vacker – för romantisk – välbehållen – trasig – du slösar med pengarna – jättebillig(t) – den går att laga/man kan laga den – omodern – gammal

trasig „kaputt, abgenutzt“

5 4

Torsten erzählt, was er heute gemacht hat. (Der Tag ist noch nicht zu Ende!)

Was haben S i e heute gemacht?

6 ▶ 6

Beschreiben Sie den Inhalt der Handtasche!

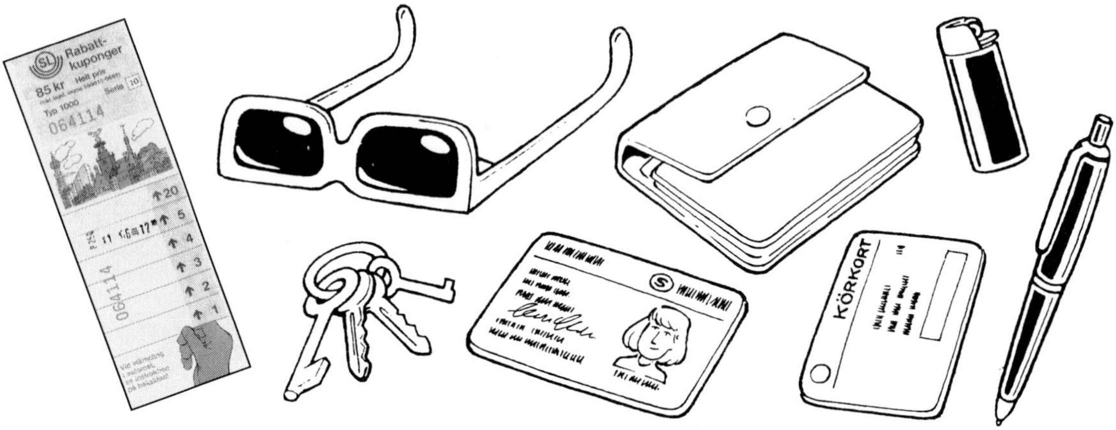

Det finns ...., ..., ..., ...,
..............., ..., ... och ....

7 ▶ 6

Astrid hat ihre Schultertasche im Kaufhaus verloren und ruft im Fundbüro des Kaufhauses an. Ergänzen Sie die fehlenden Sätze.

○ Varuhusets hittegodsavdelning.

■ ______________________________

____

○ En axelväska? På vilken avdelning?

■ ______________________________

(Sie erinnern sich nicht.)

○ Vad köpte du där?

■ Jag köpte en docka.

○ Då var det kanske på avdelningen för

______________ . ______________

______________________________?

■ Idag på förmiddagen mellan kl 11 och 12.

○ ______________________________?

■ Den är grön.

○ Ja, vi har en sådan väska här. Kan du komma och titta på den?

■ ______________________________?

○ Den har öppet mellan kl 10 och 16.

avdelning (2) „Abteilung“
axelväska (1) „Schultertasche“
docka (1) „Puppe“

8

Was tun die Personen?

A) ....

B) ....

C) ....

D) ....

E) ....

F) ....

G) ....

H) ....

9

Hören Sie sich die Fragen an und versuchen Sie, sie mit Hilfe von Text 1 im Lehrbuch zu beantworten.

1. ____

2. ____

3. ____

4. ____

5. ____

6. ____

Lektion 16

A Anmerkungen und systematische Zusammenfassung

1

Vi har bott här i nästan ett år.

Das Perfekt drückt hier aus, daß Lena seit einem Jahr hier wohnt.

... mindre än den vi hade i Köping

Bei einem Vergleich ungleicher Dinge verwendet man ***än,*** bei einem Vergleich gleicher Dinge ***som:*** *Stockholm är lika stort som München.*

någon kväll

Im Gegensatz zum Deutschen wird hier keine Präposition verwendet. Weitere Zeitbestimmungen ohne Verwendung einer Präposition:

samma kväll „am gleichen Abend"
nästa dag „am nächsten Tag"
dagen innan „am Tag zuvor"
den dagen „an dem Tag" (betontes „dem").

3

Die Komparation (Steigerung) **der Adjektive**

Es gibt vier Grundtypen der Steigerung.

1. Durch Anhängen von ***-are*** und ***-ast.***
2. Durch Anhängen von ***-re*** und ***-st.***
   Der Stammvokal wird dabei umgelautet: *stor – större – störst.* (Beachten Sie: *hög* hat bereits Umlaut, daher *hög – högre – högst.*)
3. Positiv (Grundform) und Komparativ bzw. Superlativ haben verschiedene Wortstämme: *gammal – äldre – äldst, bra – bättre – bäst, dålig – sämre – sämst.*
4. Die Steigerung wird durch ein vorangestelltes ***mer(a)*** bzw. ***mest*** gebildet. Hierbei handelt es sich entweder um Partizipformen oder Adjektive auf *-isk:*

   spännande – mer(a) spännande – mest spännande, bildad „gebildet" *– mer(a) bildad – mest bildad, typisk – mer(a) typisk – mest typisk.*

Die Komparativform kann auch anzeigen, daß eine Eigenschaft verhältnismäßig stark ausgeprägt ist. Vergleichen Sie *en äldre dam* „eine ältere Dame".

6

Das Trinken von Alkohol, bevor man sich ans Steuer eines Autos setzt, ist in Schweden nicht nur strafbar, sondern auch gesellschaftlich tabuisiert. Der Gastgeber fühlt sich z. B. dafür verantwortlich, daß sich keiner seiner Gäste ans Steuer setzt, wenn er etwas getrunken hat. Man läßt in solchen Fällen das Auto stehen und nimmt ein Taxi, oder macht mit seinem Partner aus, wer das Auto fährt und infolgedessen keinen Alkohol zu sich nimmt.

8

Die Modalverben.

Skola drückt meistens eine Absicht aus. *Vad ska vi göra i kväll?* bedeutet also soviel wie „Was wollen wir heute abend machen?“ Daneben kann *skola* auch anzeigen, daß die Handlung einem äußeren Zwang oder dem Willen eines anderen unterliegt. Beispiele:

Man ska inte röka så mycket. „Man sollte nicht so viel rauchen.“
Du ska hämta posten. „Du sollst die Post holen.“

Skola ist außerdem Hilfsverb des Futurs (vgl. oben, S. 23).

Vilja wird meistens in der gleichen Weise wie das deutsche „wollen“ verwendet. Der Schwede kann aber auch sagen *Jag vill ha ett glas vin* (neben *Jag skulle vilja ha…*), was der Deutsche als unhöflich empfinden würde.

Kunna ist dem deutschen „können“ vergleichbar, d. h. es bezeichnet eine Fähigkeit (*Hon kan spela tennis*), eine Erlaubnis (*Du kan komma nu*) oder eine Bitte (*Agneta, kan du öppna fönstret?*). Die Erlaubnis kann auch durch ***kunna*** + ***få*** ausgedrückt werden: *Du kan få öppna paketet* „Du kannst (darfst) das Paket öffnen.“

Få entspricht dem deutschen „dürfen“, kann aber auch „müssen“ bedeuten. Unterscheiden Sie:
Får jag öppna fönstret? (Erlaubnis)
Du får vara hemma före kl 11. (Notwendigkeit, Zwang)

Die Imperfektform ***skulle*** ist mit „wollte, wolltest“ usw. zu übersetzen und wird auch zur Bildung des Konjunktivs verwendet. (Vergleichen Sie dazu Lektion 26).

Måste „muß, mußt“ etc. kennt keinen Infinitiv und hat auch keine Imperfektform. Um Verwechslungen mit der Präsensform zu vermeiden, verwendet man Umschreibungen: *Jag var tvungen (att skaffa svenskt körkort).*

In der Verneinung wird oft ***behöva*** verwendet: *Du behöver inte komma i kväll* anstelle von *Du måste inte komma i kväll,* besonders dann, wenn das Modalverb nicht besonders betont werden soll. *Behöva* hebt die Notwendigkeit nicht so stark hervor wie *måste;* in dem Satz *Jag behöver raka mig* drückt sich z. B. eher ein Bedürfnis als eine Notwendigkeit aus.

10

Till landet

sagt man, wenn man ein Ferienhaus auf dem Land hat. Sonst heißt es *ut på landet* „aufs Land“.

Den här färgen kan jag inte med!

ist stark umgangssprachlich und bedeutet *Den här färgen tycker jag inte alls om.*

B Übungen

1 ▶ 1

Finden Sie die passenden Präpositionen.

1. Jag har bott här □ nästan ett år.
2. Det fina □□□ Stockholm är att det finns så många utbildningsmöjligheter.
3. Bostadsområdet ligger norr □□ stan.
4. Det är □□ det hela taget svårare att få kontakt.
5. Människorna har alltid bråttom □□□□ jobbet eller till någon träff.
6. Det är nästan alltid en tunnelbanestation □ närheten.
7. Man är mindre beroende □□ vädret än hemma.
8. Hör □□ dig snart!

2 ▶ 3

Lena zieht Bilanz. Setzen Sie die richtigen Komparativformen ein.

1. Lägenheten är (liten) ______________ än den vi hade i Köping.
2. Men den är några hundralappar (dyr) ______________
3. Det finns (många) ______________ utbildningsmöjligheter.
4. Livet i en storstad är mycket (jäktig) ______________ än livet på landet.
5. Det är (nära) ______________ till teatern och andra kulturevenemang.
6. Det är (farlig) ______________ för barnen att leka utomhus.
7. Luften är (dålig) ______________ än på landet.

3 ▶ 3

Vergleichen Sie:

1. *Temperaturen den 10 juli:*

   Stockholm 24 grader
   Madrid 35 grader *(varmt)*

2. *Temperaturen den 15 december:*

   Stockholm -9 grader
   Madrid +5 grader *(kallt)*

3. 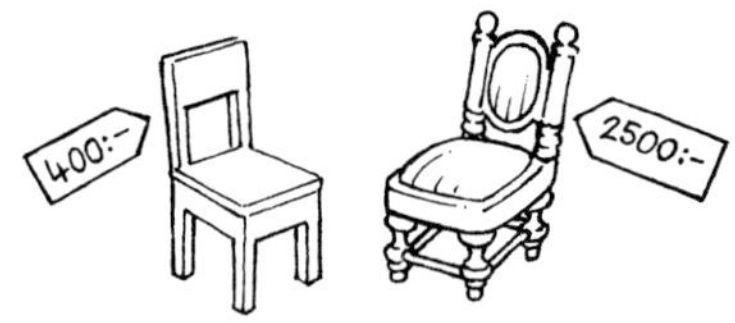

4. Susann 2 år
   Patrik 10 år
   Kristina 14 år

5. Montblanc 4600 m
   Kebnekajse 2111 m

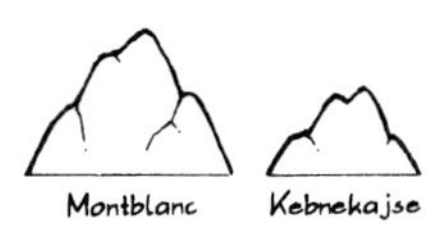

6. Torne älv 510 km
   Dalälven 555 km

7. Vänern 5585 km²
   Vättern 1912 km²

4 ▶ 7

Versuchen Sie die Verkehrsschilder den Sätzen zuzuordnen.

1. Här får du inte svänga till vänster. ☐
2. Här får du inte stanna bilen. ☐
3. Här får man parkera. ☐
4. Här får man inte parkera. ☐
5. Enkelriktad gata ☐
6. Du får inte köra fortare än 90 km/tim. ☐
7. Det är en återvändsgränd. ☐

5 ▶ 7

Ordnen Sie die Angaben den verschiedenen Verkehrsschildern zu.

1. i tättbebyggda områden ☐☐
2. utanför tättbebyggda områden ☐☐
3. på motorväg ☐

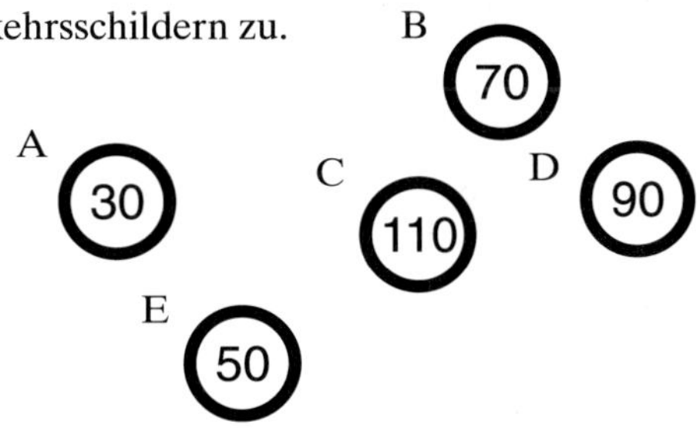

Unterstreichen Sie das Richtige!

På dagen kör du *utan ljus.* / *med halvljus.* / *med varselljus.* / *med helljus.*

6 ▶ 8

Erweitern Sie die Sätze unten mit je einem Modalverb, das den Inhalt der in Klammer stehenden Sätze berücksichtigt.
Beispiel: (Jag är hungrig) Jag äter en smörgås.→ *Jag vill äta en smörgas.*

1. (Kristina är frisk igen.) Hon tar hand om Patrik. ______________________
2. (Jag har ont om pengar.) Jag arbetar. ______________________
3. (Lisa är sjuk.) Hon röker inte. ______________________
4. (Han är mycket otrevlig.) Jag träffar honom inte. ______________________
5. (Jag hör dåligt.) Jag hör inte vad han säger. ______________________
6. (Pär sa till mig: Hälsa Ingrid!) Jag hälsar från Pär. ______________________

7. Du städar inte idag (Arne har redan städat). ______________________

8. (Pappa är hemskt trött) Du stör honom inte! ______________________

frisk „gesund"
(att ha) ont om pengar „schlecht bei Kasse (sein)"
störa „stören"

7 ▶ 8

Setzen Sie die kleine Erzählung ins Imperfekt. Sie können auch eine Fortsetzung erfinden!

1. Jag ska just duscha när telefonen ringer. Det är Lars.

____

2. Jag kan inte förstå vad Lars säger. – Varför talar du inte högre? frågar jag.

____

3. Lars säger att han inte får tala högre. Eva är trött och vill sova. Hon måste gå upp tidigt nästa dag.

____

4. Jag frågar honom om vi kan träffas på NK och äta lunch där.

____

5. Men han säger att han inte får vara borta från jobbet så länge.

____

6. Jag vill inte stå och prata i timmar och frågar om jag kan ringa honom på jobbet i stället.

____

7. Han säger att det är mycket viktigt och att han vill prata med mig *nu*.

____

duscha „duschen"

8 ▶ 10

Hier folgen einige Minidialoge. Ergänzen Sie das Fehlende.

A) ■ Jag vill ha ______________________ ! Den är lättare att manövrera.

○ Ja, men den här har ett ______________________ .

Det behöver vi när vi ska åka till landet!

■ ______________________ bensin!

○ Nej, de nya bilarna är mycket bensinsnåla.

B) ▲ ____ ?

□ Ja, det finns en på Sveavägen.

C) ▷ ____ ?

▶ Ja, det kan du. Men om du stannar längre än ett år i Sverige måste du ha svenskt körkort!

D) ● Du glömmer väl inte ____________________ !

Annars riskerar du ______________ .

□ Det ska du säga som har glömt ________________ .

Det ska du säga! „Das mußt ausgerechnet du sagen!“

9

Sehen Sie sich die Skizzen und den Text an. Hören Sie dann die folgenden Verkehrsregeln und kreuzen Sie an, was Sie für richtig oder falsch halten.

		rätt	fel
Omkörning är förbjuden	1. i kurvor.	□	□
	2. där sikten är dålig.	□	□
	3. när den andra bilen har fler hk än din.	□	□
	4. före backkrön.	□	□
	5. på ett obevakat övergångsställe.	□	□
6. En blodalkoholhalt av 0,2 promille medför aldrig straff.		□	□
7. Polisen kan ta rutinmässiga utandningsprov.		□	□
8. Sådana prov tar polisen bara när man misstänker trafikonykterhet.		□	□

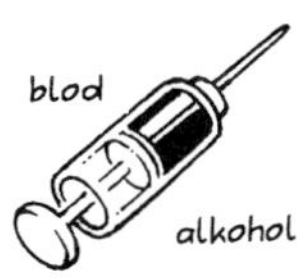

omkörning (2) „Überholung“
förbjuden „verboten“
hk (= hästkraft) „PS“
medföra, -för „mit sich bringen“
misstänka trafikonykterhet „Verdacht auf Trunkenheit am Steuer haben“

Lektion 17

A Anmerkungen und systematische Zusammenfassung

1

Det sägs …

ist eine Passivform. Man könnte stattdessen auch sagen *Man säger…*

5

Hoj

ist stark umgangssprachlich. Wie das Schild „HYR HOJ HÄR" erkennen läßt, eignet sich das Wort gut für Reklamezwecke (Alliteration!). Weitere umgangssprachliche Ausdrücke finden Sie in Lektion 28.

7, 14

Das Passiv

Das Schwedische kennt zwei Arten der Passivbildung:

1. Anhängen von ***-s***. Im Präsens erscheint dieses *s* anstelle der Personalendung *r*.

Präsens: *Det cykla**s** mycket.*
Imperfekt: *Det cyklade**s** mycket.*
Perfekt: *Det har cyklat**s** mycket.*

Verben der 2. Konjugation, die das *a* ausfallen lassen, hängen das *s* im Präsens direkt an den Stammkonsonanten und im Imperfekt oder Perfekt an die Vergangenheitsform an:

Präsens: *Det rök**s** för mycket.*
Imperfekt: *Det rökte**s** för mycket.*
Perfekt: *Det har rökt**s** för mycket.*

Eine Ausnahme bilden die Verben mit dem Stammkonsonanten *s;* sie schieben im Präsens ein *e* ein: *Den här tidningen läs**es** i hela Sverige.*

2. Verwendung des Perfektpartizips in Verbindung mit dem Hilfsverb ***bli***. Das Partizip wird dabei wie ein Adjektiv behandelt, d. h. es richtet sich nach dem Subjekt des Satzes.

Das zuerst genannte „*s*-Passiv" wird besonders dann gebraucht, wenn es sich um einen Vorgang handelt, der sich in gleicher Weise wiederholt (*Banken stängs klockan tre*). Das aus *bli* + Partizip zusammengesetzte Passiv bringt dagegen zum Ausdruck, daß von einem Einzelvorgang die Rede ist (*Mopeden blev stulen.* „Das Moped wurde gestohlen.").
Diese zweite Art der Passivbildung ist dem Deutschen sehr ähnlich.

Das Schwedische verwendet das Passiv häufig in unpersönlichen Wendungen wie *Vad önskas att dricka?, God jul och Gott Nytt År tillönskas av …, Träffas Bo Stenman?*
Der Urheber der Handlung wird mit dem passiven Verb durch *av* verbunden: *Vardagsrummet städas av pappa.*

12

på söndag – i söndags

Das angehängte *s* signalisiert in Verbindung mit der Präposition *i* (anstelle des *på*), daß es sich um eine Zeitangabe in der Vergangenheit handelt. Andere Beispiele: *i julas* „vorige Weihnachten“, *i vintras* „vorigen Winter“, *i fredags* „letzten Freitag“.

13

Datumparkering

bedeutet, daß man an geraden Tagen nur auf der einen Straßenseite, an ungeraden Tagen nur auf der anderen Straßenseite parken darf. Diese Maßnahme erleichtert es, die Straßen sauber zu halten.

B Übungen

1 ▶ 1,5

Lösen Sie das Kreuzworträtsel.

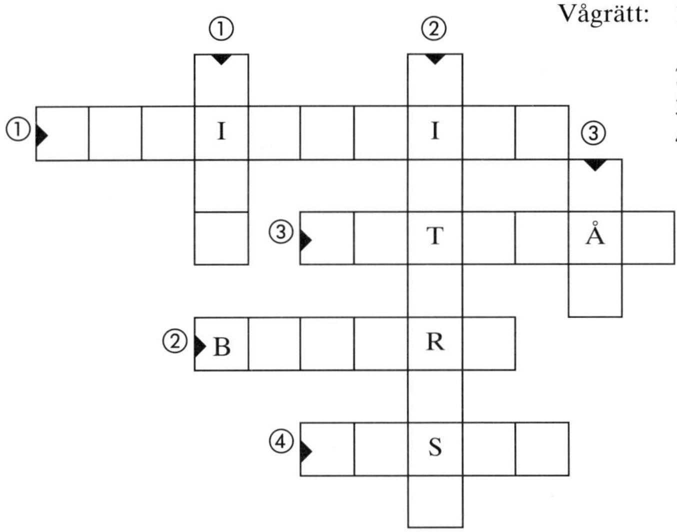

Lodrätt:
1. Klimatet är …
2. Visby är en … stad.
3. Ett djur som man äter på ön.

Vågrätt:
1. En … specialitet (som t.ex. Glödhoppa)
2. Raukarnas form är …
3. Språket på Gotland heter …
4. På ön blommar många …

2 ▶ 2

Sie haben die Adresse einer Schwedin, die Zimmer vermietet und wollen ihr folgendes sagen:

- Sie haben ihre Adresse und ihre Telefonnummer durch das Fremdenverkehrsbüro erhalten.
- Sie möchten gerne zwei Zimmer mieten.
- Sie sind vier Personen, zwei Erwachsene und zwei Kinder.
- Sie werden bis Freitag bleiben.

Außerdem möchten Sie wissen

- wie hoch die Miete ist und ob sie einschließlich Frühstück ist,
- ob Busse dort hinfahren und wie weit es zum nächsten Strandbad (Meeresbadeplatz) ist.

Sie notieren alles, bevor Sie anrufen.

3 ▶ 5

Vervollständigen Sie die Sätze!

1. Det här är Visby. På medeltiden ______
______
2. Den gamla ringmuren ______
______
3. Gränderna kantas ______ 
______
______
4. Husen är inramade ______
______
5. Gotland är inte bara en semesterö med milt klimat och långa sandstränder ______
______
______
6. Det sägs att det som skiljer Gotland mest från övriga Sverige är ______
7. Raukarna är ______
______

4 ▶ 7

Verwandeln Sie die Sätze in Passivsätze (*s*-Passiv).

1. Man cyklar mycket på ön.
   Det ______
2. Man säger att Gotland är mycket vackert.
   Det ______
3. Blommande trädgårdstäppor inramar korsvirkeshusen.
   Korsvirkeshusen ______
   ______

4. En gammal dam från Stockholm hyr villan i parken.

Villan ______________________________

____

5. Man betalar varan i kassan.

Varan ______________________________

6. Man städar hotellrummen mellan kl 10 och 12.

Hotellrummen ______________________________

____

7. Många läser den här tidningen.

Den här tidningen ______________________________

5 ▶ 8

Verwenden Sie zur Bezeichnung der Lage bzw. Richtung mit *-för* zusammengesetzte Adverbien (wie z. B. *nedanför* „unterhalb").
ovanför – innanför – nedanför – uppför – utanför – nerför

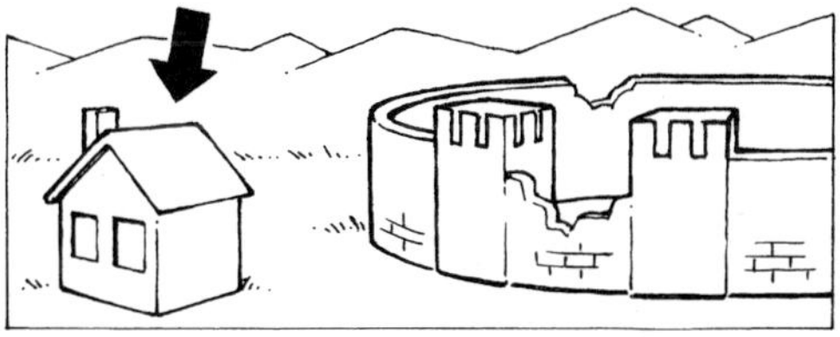

1) Dieter Müller hyr rum i ett hus .... ringmuren.

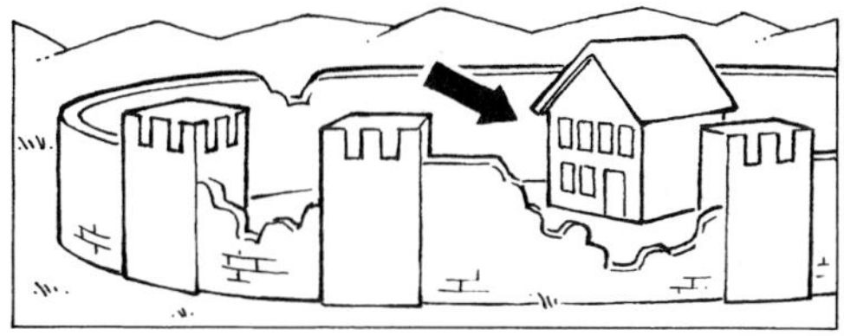

2) Turistbyrån ligger ....

3) Slottet i Uppsala ligger .... stan.

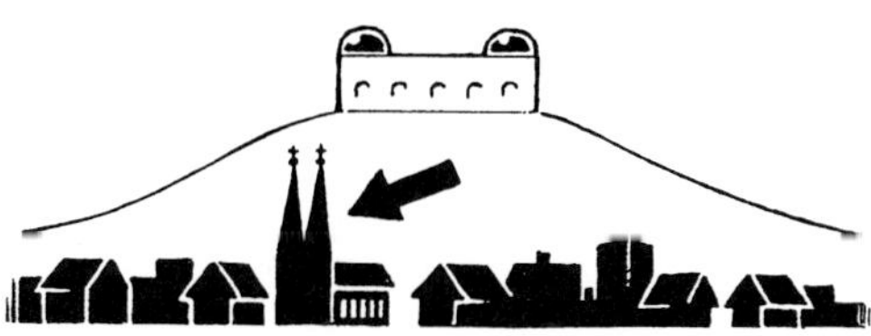

4) Domkyrkan i Uppsala ligger ....

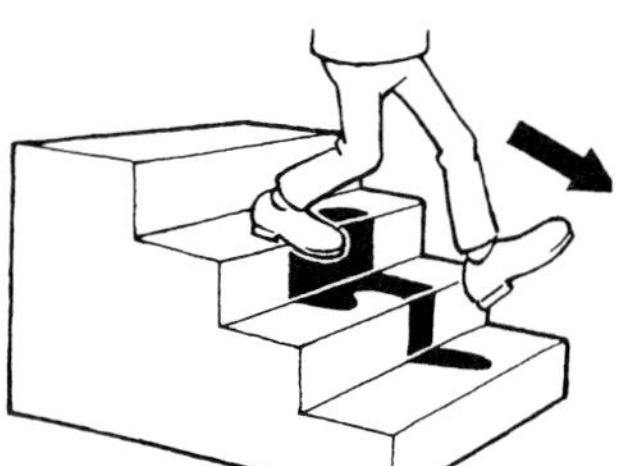

5) Vi gick .... en trappa.

6) Katten sprang ....

6 ▶ 9

Tragen Sie den passenden Text ein.

a) Får ej matas!

b) God Jul tillönskas av familjen Svensson.

c) Vad kallas det här?

d) Här talas svenska.

e) Vad önskas att dricka?

f) Träffas Bo Stenman?

7 ▶ 10

Auf welche Personen trifft zu, was unten über die Wohnsituation ausgesagt ist?

1. ______ är hyresgäst.
2. ______ bor i ett kollektiv
3. ______ är inackorderad.
4. ______ är husägare.
5. ______ är inneboende.

A) ”Jag hyr av en trevlig svensk dam. Jag vattnar hennes blommor när hon är bortrest.”
B) ”Jag betalar hyran i början av månaden. Med hyresvärden har jag ingenting att göra. Han bor i Umeå.”
C) ”Jag bor hos en svensk familj. De bjuder på frukost och lunch, så jag slipper laga mat själv.”
D) ”Vi är sju vänner som bor i samma hus. Vi handlar och lagar maten tillsammans.”
E) ”Vi har köpt villan. Vi har fått ett banklån som vi så småningom återbetalar.”

ägare (5) „Besitzer“

8 ▶ 13

Eva erzählt, was sie in der letzten Woche erlebt hat. Verwenden Sie das mit *bli* zusammengesetzte Passiv.

1. (måndag)
2. (tisdag)
3. (onsdag)
4. (torsdag)
5. (fredag)
6. (lördag) (= mina vänner hämtade mig)

9

Aktiviteter

- TV
- Tempererat bad
- Bastu
- Friluftsbad
- Barnbassäng
- Fritidsfiske
- Windsurfing
- Båtuthyrning
- Kanotuthyrning
- Cykeluthyrning
- Tennis
- Minigolf
- Motionsslinga

OSBY Camping	Vittsjö	Ivö	Råbocka

Sie stellen folgende Ansprüche an den Campingplatz Ihrer Wahl:

Barnbassäng
Fritidsfiske
Båtuthyrning
Cykeluthyrning
Tennis

Ihre Freunde wünschen dagegen:

Bastu
Windsurfing
Kanotuthyrning
Minigolf
Friluftsbad

Sie hören verschiedene Beschreibungen von Campingplätzen. Suchen Sie einen Campingplatz heraus, der sich am ehesten als Kompromißlösung anbietet!

____________________ är en bra kompromiss.

motionsslinga (1) „Trimm-dich-Pfad“

Lektion 18

A Anmerkungen und systematische Zusammenfassung

1

Tack för inbjudan.

Inbjudan gehört zu den Substantiven, die keinen Unterschied zwischen unbestimmter und bestimmter Form machen. Das gleiche gilt für

befordran	„Beförderung“
begäran	„Wunsch, Verlangen“
önskan	„Wunsch“
uppfostran	„Erziehung“.

Det vore trevligt…

Vore ist die Konjunktivform von *vara* (vgl. Lek. 24, 4).

4

Anna fyller år

übersetzt man mit „Anna hat Geburtstag“. Dagegen bedeutet *Anna fyller 23* „Anna wird 23“.

… uti hundrade år

Uti ist eine Erweiterung von *i* und wurde früher zur Verdeutlichung in der Schriftsprache eingesetzt.

7

Die Substantivbildungen auf *-is* gehören der Umgangssprache an. *Dagis* hat sich anstelle von *daghem* eingebürgert. Es handelt sich meist um Verkürzungen.

(Illustration:) *Tack för senast!*

ist eine Dankesformel, die man verwendet, wenn man am Tag nach der Einladung anruft oder sich trifft. Sie läßt sich auch noch später anbringen, gehört aber auf jeden Fall zum guten Ton.

8

Det är kön där borta!

Fremdwörter (wie *kö*) folgen oft nicht den schwedischen Ausspracheregeln. Das *k* in *kö* wird wie das deutsche *k* ausgesprochen (das Wort ist aus dem Französischen entlehnt).
Kilo, kilometer und *kiosk* lassen sowohl die *ch*-Aussprache (mit verstärktem Druck!) wie die *k*-Aussprache zu. Wörter wie *jeans* haben die schwedische *j*-Aussprache.

… det lär vara hemskt varmt

Lär wird wie ein Modalverb verwendet und entspricht in dieser Verwendung dem deutschen „soll“ („Er soll sehr reich sein“). Als „Modalverb“ kommt *lär* nur im Präsens vor.

Väl ombord

bedeutet soviel wie „an Bord angekommen“.

humör

Unterscheiden Sie zwischen *humör* „Laune“ (Betonung auf der zweiten Silbe) und *humor* „Humor“ (Betonung auf der ersten Silbe).

10

Das Reflexivpronomen

stimmt in der 1. und 2. Person Singular und Plural mit dem Objektfall des Personalpronomens überein. In der dritten Person (Singular und Plural) steht *sig.*
Einige Verben sind mit einem Reflexivpronomen verbunden und heißen „Reflexive Verben".

Beispiele:

raka sig	„sich rasieren"
lära sig (svenska)	„(Schwedisch) lernen"
klippa sig	„sich die Haare schneiden lassen"
gifta sig	„(sich) heiraten"

Dem schwedischen reflexiven Verb entspricht also nicht immer ein reflexives Verb im Deutschen.
Ein Verhältnis der Wechselseitigkeit (wie in „sich treffen") wird nicht mit Hilfe des Reflexivpronomens ausgedrückt. Man bedient sich dazu des reziproken Verbs (vgl. Lektion 14) oder des Zusatzes *varandra:*

De träffas./De träffar varandra.

12

In diesem Dialog kommen einige umgangssprachliche Ausdrücke vor, wie z. B. *Jag känner för att…, toppen, jättekul, läckert.*

B Übungen

1 **1**

Sie erhalten eine Einladung und haben jetzt zwei Möglichkeiten:

a) Sie sagen ab und haben dabei die Wahl zwischen folgenden (und natürlich auch weiteren) Gründen:

1. Ihre Tochter ist krank, und Sie können sie nicht alleinlassen (*gå ifrån henne*). Vielleicht ein anderes mal?
2. Sie werden Besuch aus Deutschland bekommen.
3. Sie fahren morgen in Urlaub (*åka på semester*).
4. Sie sind schon eingeladen.

b) Sie nehmen die Einladung an und versichern,

1. daß es lustig sein wird, sich zu treffen.
2. daß Sie sehr neugierig auf die neue Wohnung sind.
3. daß Sie Ihren Mann / Ihre Frau bereits überredet *(övertala, -r)* haben, frei zu nehmen.

2 ▶ 5

Zu welchen Gelegenheiten kann man jemandem gratuliern?
Kreuzen Sie die Gelegenheiten an, die Ihrer Meinung nach eine Gratulation rechtfertigen.

1. Någon har utnämnts till avdelningschef.
2. Någon har debuterat som författare.
3. Någon har hittat en portmonnä med 5000 kronor i.
4. Någon har ärvt ett gammalt slott.
5. Någon gifter sig.
6. Ett barn har kommit till världen.
7. Någon klarar sin examen.
8. Någon vinner 1000 kronor på siffertipset.
9. Någon vinner första pris i en fototävling.
10. Någon lyckas för första gången komma till arbetet i rätt tid.

ärva, -er „erben"
siffertipset „Zahlenlotto"

3 ▶ 7

Wie kann man etwas salopp einen Menschen bezeichnen, wenn man von einer der genannten Eigenschaften ausgeht?

1. Han är tjock. ____________
2. Han är feg. ____________
3. Han är känd. ____________
4. Han är en god vän. ____________

Wie ist die umgangssprachliche Bezeichnung für

5. daghem? ____________
6. konditori? ____________

4 ▶ 8

Tragen Sie die Wörter unten an der richtigen Stelle ein.

passkontrollen – bagaget – övervikt – flygplatsen – charterresa – planet – motorväg – boardingkortet

1. Anderssons har bokat en ____________ .
2. ____________ ligger en bra bit utanför Stockholm, men det går fort eftersom det är ____________ dit.
3. Först måste man checka in ____________ .
4. De hoppas att de slipper betala för ____________ .
5. Flygpersonalen ger dem ____________ .
6. Sedan passerar de ____________ .
7. Efter första uppropet slussas de ut på flygfältet där ____________ väntar.

5 ▶ 8

Ergänzen Sie die Sätze sinngemäß.

1. Tack för inbjudan, men just den 23 maj ____________ .
2. Flygplatsen ligger en bra bit utanför Stockholm, men det finns ____________ .
3. Det är mycket varmt där nere, men när man har badat ____________ .
4. Förra gången fick de betala tilllägg för övervikt, men den här gången ____________ .

5. Det pirrar i magen på herr Andersson, men

____

______________________________________.

6. Clas skulle vilja spela badminton på stranden, men det går inte när ______________

______________________________________.

6 ▶ 10

Beschreiben Sie die dargestellten Vorgänge mit Hilfe der angegebenen reflexiven Verben.

Wörter zur Auswahl: *raka sig – klippa sig – lära sig – förbereda sig – gifta sig – presentera sig – utspela sig i Vimmerby*

Olle ....

Lars ....

Patrik ....

Inga och Olle ....

Leif ....

Filmen ....

Ulf ....

7 ▶ 12

Drücken Sie die kursiv gedruckten Äußerungen in dem untenstehenden Dialog auf eine etwas saloppere Weise aus.

A) Ska vi gå och ta ett dopp i havet?

B) Det är inte *roligt* i det här vädret!

____

C) Jag *skulle vilja spela* badminton på stranden!

____

A) Vi kan också åka till något ridstall!

B) Att rida *är det bästa jag vet.*

____

C) Jag tycker det är *tråkigt.*

____

A) Vi skulle också kunna titta på Pelles nya motorcykel!

C) *Bra!*

____

8

Setzen Sie die Präpositionen ein:

1. Vi är bortbjudna ☐☐☐☐ Pärs syster.
2. De bjöd oss ☐☐ middag.
3. En timme och femti minuter ☐☐☐☐ planets avgång var de framme i Arlanda.
4. Jag var genast ☐☐ bättre humör.
5. Här ska man visa ☐☐☐ passet och boardingkortet.
6. ☐ det här vädret kan vi inte bada!
7. Vi kan istället titta ☐☐ TV.
8. Jag skulle vilja spela badminton ☐☐ stranden.

9

Sie hören die Fragen einiger Kaufhauskunden. Beantworten Sie die Fragen mit Hilfe des Übersichtsplans, den Sie vor sich haben.

De/Det finns på gatuplanet/första/andra etc. våningen.

Gatuplan = G
T-Baneplan = T
Våning 1 tr = 1 osv

Var finns vad?

	Våning		Våning		Våning		Våning
Babykläder	2	Gardiner	4	Lampor	3	Skjortor	G
Barnkläder	2	Glas, kristall	T	Leksaker	2	Suvenirer	3
Belysning	3	Grammofonskivor	2	Ljus	G	Sport	4
Böcker	G	Herrkläder	1	Möbler	3	Telefoner	T
Caféet	4	Husgeråd	T	Papper	G	Tidningar	G
Damkläder	1	Hälsokost	G	Parfym	G	TV	1
Foto	4	Information	G	Porslin	4	Tröjor	G
Fritidskläder/Dam	1	Klockor	G	Restauranger	4	Video	1
Fritidskläder/Herr	1	Kosmetik	G	Skor	2		

Lektion 19

A Anmerkungen und systematische Zusammenfassung

1

Die persönliche Kennummer (*personnummer*), die in Schweden jeder Erwachsene haben muß, gibt u. a. Auskunft über das Geburtsdatum.

3

vem som helst, vad som helst, när som helst

Die Zusammensetzungen mit *som helst* zeigen an, daß man sich nicht auf eine genaue Angabe festlegen möchte. *Det kan vem som helst göra* wäre demnach mit „Das kann jeder beliebige machen“ wiederzugeben. Man muß von Fall zu Fall entscheiden, welche deutsche Entsprechung in Frage kommt.
Durch die Verbindung mit einem Adjektiv oder Adverb ergeben sich weitere Variationen.

Beispiele:

Där kan det bli hur varmt (kallt) som helst.
„Dort kann es beliebig warm (kalt) werden.“

Ibland kan det dröja hur länge som helst.
„Manchmal kann es sehr lang (beliebig lang) dauern.“

Du kan inte köpa hur mycket som helst.
„Du kannst nicht beliebig viel kaufen.“

6

Mittsommer (midsommardagen)

ist immer der Samstag, der zwischen dem 20. und 26. Juni liegt. In der vorhergehenden Nacht tanzt man um *majstången* (ein mit Laub und Blumen geschmückter „Baum“). Das Wort *maj* hat nichts mit dem Monat zu tun, sondern bedeutet soviel wie „Meien“, d. h. grünes Laub. Die dabei gesungenen, getanzten und mimisch dargestellten *danslekar* („Tanzspiele“) sind meistens sehr alt; einige davon findet man auch beim Tanz um den Weihnachtsbaum.

Der Lucia-Tag (*luciadagen*) ist das Fest der schwedischen Lichterkönigin Lucia, dessen Wurzeln christlich sind, das aber längst zu einer typisch schwedischen Tradition geworden ist. Auch das Lied, das man singt (*Luciasången*) hat nur noch die Melodie mit dem italienischen Volkslied gemeinsam, das der Märtyrerin Lucia von Syrakus gilt. In fast jeder Familie (besonders dort, wo Kinder sind), in der Schule und im Betrieb wird eine Lichterkönigin gekürt.

Weihnachten (*jul*) feiert man ziemlich ausgelassen. Die Geschenke bringt der Weihnachtsmann (*jultomten*). Man tanzt, soweit Platz vorhanden ist, um den Weihnachtsbaum. Die feierlicheren Weihnachtslieder (wie z. B. *Stilla natt, heliga natt*) singt man gewöhnlich nur in der Kirche.

Zu Ostern hat man *påskkäringar* (Osterhexen), der Osterhase ist dagegen unbekannt. Gefärbte Eier sind auch in Schweden typisch.

Det var Pia som lussade ...

Das Verb *lussa* (die Lucia darstellen) ist ebenso wie das Gebäck *lussekatter* eine Ableitung vom Eigennamen Lucia.

mandeln i risgrynsgröten

Einer alten Überlieferung zufolge wird das Mädchen, das die Mandel im Reisbrei (*risgrynsgröt*) findet, innerhalb eines Jahres heiraten.

9

Indirekte Fragesätze

Wenn die Fragepronomen *vem* oder *vad* das Subjekt des indirekten Fragesatzes bilden, müssen sie mit *som* verbunden werden: *Jag undrar vem som har skrivit brevet.* „Ich frage mich, wer den Brief geschrieben hat." *Vem* ist hier Subjekt.
Wenn *vem* oder *vad* aber das Objekt bilden, benötigen sie kein *som: Jag undrar vem hon menar.* „Ich frage mich, wen sie meint." *Vem* ist Objekt, *hon* ist Subjekt.

B Übungen

1 ▶ 1

Herr und Frau Schneider melden den Verlust ihres Autos. Wonach fragt der Polizist?

Han frågar

a) *efter namnet*

b) *efter legitimationen*

c) *efter personnumret*

d) *efter körkortet*

e) *efter registreringsnumret på bilen*

f) *efter civilståndet*

g) *var de bor*

h) *om de är turister*

i) *efter bilmärket*

j) *efter färgen på bilen*

k) *efter priset på bilen*

l) *hur det gick till*

m) *var de handlade*

n) *om de trivs i Sverige.*

civilstånd (6) „Familienstand"

2 ▶ 2

In dem folgenden Verhör auf der Polizeiwache fehlen einige Verben. Ergänzen Sie sie mit Hilfe der Infinitivformen.

A) Hur (gå) ______________ det till?

B) Jag (ska) ______________ just svänga in på Tegnérgatan när jag (bli) ______________ påkörd av en annan bil.

A) (Ha) ______________ du förkörsrätt?

B) Jag det (är) ______________ nämligen jag som (komma) ______________ från höger.

A) Hur fort (köra) ______________ du?

B) Ca 50 km/tim.

A) (Bli) ______________ någon skadad?

B) Ja, en arbetskamrat till min fru som också (sitta) ______________ i bilen. Han (få) ______________ en hjärnskakning.

A) Hur mycket (dricka) ______________ du innan du körde bilen?

B) Bara en lättöl!

skadad „verletzt"

3 ▶ 3

Zu welchen Aussagen passen folgende Zusammensetzungen mit *som helst?*

a) hur som helst
b) vem som helst
c) hur fort som helst
d) hur varmt som helst
e) vad som helst
f) var som helst

1. Du kan gå på bio, på teatern, på en utställning, eller göra ______________ .
2. I solen kunde det bli ______________ .
3. Ska vi börja med en räkcocktail, eller med en soppa, eller med någonting annat? – Det kan vi göra ______________ .
4. Jag tror inte jag kan det här! – Men det är ju så lätt! Det klarar ______________ .
5. Vad betyder „hastighetsbegränsning?" – Att man inte får köra ______________ i Sverige!
6. Kan jag få hjälp med bilen när jag semestrar i norra Sverige också? – Visst. LARMTJÄNST hjälper dig ______________ .

4 ▶ 6

Auf welche Feste beziehen sich die Abbildungen?

1

....

2

....

3

....

4

....

5

....

6

....

5 ▶ 6

Kombinieren Sie die grauen Puzzle-Teile mit den weißen so, daß sich ein Sinn ergibt. Sie können die Teile auch kopieren, ausschneiden und aneinanderlegen.

1 Till midsommar	2 Jag undrar	3 Inger får nog mandeln i år	4 Vi gick upp tidigt	5 Snart kommer morfar och mormor
6 Mamma har kokt lutfisk	7 Vi har skrivit en massa rim	8 Vi dansade halva natten	9 På TV såg jag	10 Vi serverade kaffe och lussekatter
a vem som ska vara jultomte i år.	b var det mycket folk här.	c att de lussade för nobelpristagarna.	d men jag vet att hon inte tänker gifta sig.	e och sjöng luciasången.
f även om det var rätt kallt ute.	g men det är vi barn inte förtjusta i.	h så där vid 6-tiden.	i som jultomten ska läsa upp.	j så jag måste skynda mig och slå in julklapparna.

6 ▶ 9

Wählen Sie die jeweils zutreffende Form aus.

1. Jag minns inte *vem* / *vem som* lussade förra året.
2. Jag undrar *vem* / *vem som* han söker.
3. Jag skulle gärna vilja veta *vem* / *vem som* du hälsade på alldeles nyss.
4. Jag minns inte *vad* / *vad som* han letade efter.
5. Kommer du ihåg *vad* / *vad som* stod på lappen?
6. Jag undrar *vad* / *vad som* han ville.
7. Vet du *vad* / *vad som* saknas?

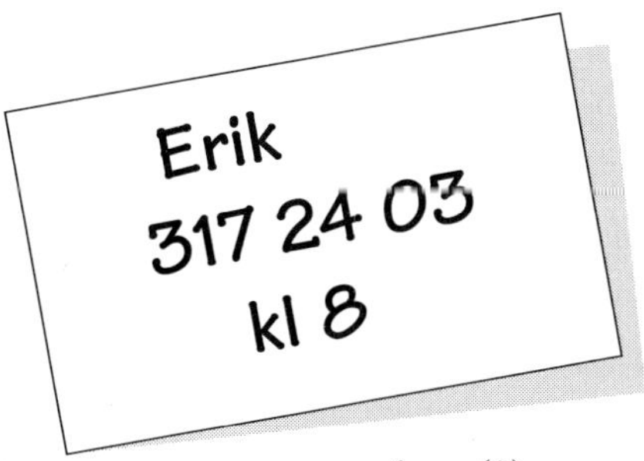

en lapp (2)

7 ▶ 9

Verwandeln Sie die kursiv gedruckten indirekten Fragesätze in direkte Fragesätze:

1. Jag skulle vilja veta *vem som ska vara jultomte i år!*

   ____

2. Jag undrar *vad Krister gjorde på midsommardagen.*

   ____

3. Jag kommer inte ihåg *vem som lussade för pappa och mamma.*

   ____

4. Pappa undrar *vem hon tänker gifta sig med.*

   ____

5. Han vill veta *vad ni tänker göra på annandagen.*

   ____

6. Vet du *vem hon har dansat med?*

   ____

7. Jag har ingen aning *vad som intresserar honom mest.*

   ____

8. Hon skulle vilja veta *vad som står på era julklappar.*

   ____

8

Aage Jensen arbeitet in Schweden und braucht ein Darlehen (*ett lån*). Helfen Sie ihm, den Antrag auszufüllen.

Aage är född den 24 april 1960. Hans personnummer är 600424-2378. Han är bosatt i Sverige sedan („seit“) *1985. Han är dansk medborgare. Hans adress är: Kungsholmsgatan 33, 113 21 Stockholm. Hans telefonnummer är 711 28 64. Han och hans fru är fast anställda* („fest angestellt“) *vid ASEA Installation AB, Malmvägen 143, telefon 192 06 30, sedan i maj 1988. Han är elektriker till yrket* („von Beruf“). *Han tjänar* („verdient“) *225 000 kronor per år. Han är frikallad från värnplikten* („vom Wehrdienst befreit“).

Efternam, samtliga förnamn (tilltlalsnamnet understruket)				Personnummer (år, mån, dag, nr)	
Bostadsadress	Postnummer	Postadress	Telefon bostaden (även riktnr)	Medborgare ☐ Svensk ☐ Nordisk ☐ Övrig	Bosatt i Sverige sedan (om utländsk) 19............
Civilstånd ☐ Ogift ☐ Änka/Änkling ☐ Gift ☐ Frånsklid ☐ Sammanboende	Våmplikt ☐ Fullgjord ☐ Ej fullgjord ☐ Frikallad				
Arbetsgivares (eller egen röreises) namn, adress, telefon	Yrke/sysselsättning	Anställd ☐ Fast ☐ Tillfälligt ☐ Egen röreise	sedan (år, mån)	Årsinkomst	

9

Beantworten Sie die Fragen mit Hilfe des Textes, den Sie vor sich haben.

ALLEMANSRÄTTEN

Allemansrätten ger oss många rättigheter men också många skyldigheter, t ex att man ska visa omdöme och respektera markägarna. Information om Allemansrätten finns att hämta på turistbyrån. Du kan också kontakta Naturvårdsverket, tel: 08-98 18 00 eller Svenska. Naturskyddsföreningen, tel: 08-54 14 70.

Det finns många växtarter i vårt land som är sällsynta eller känsliga för olika slags ingrepp och som därför är i behov av skydd, men som i dag ändå inte är fridlysta. En växtart kan vara skyddsvärd och fridlyst trots att den finns i stort antal. Blåsippan ger exempel. Den är förhållandevis vanlig i stockholmstrakten, ändå är den fridlyst också där. Man vill nämligen bibehålla artens spridningsförmåga och blåsippebackens fägring.

1. Ger oss Allemansrätten bara rättigheter?
2. Ge ett exempel!
3. Var kan man få information om Allemansrätten?
4. Vad kallas en blomma som inte finns i stort antal (där det inte finns många)?
5. Är skyddsvärt detsamma som fridlyst? (Svara med ja eller nej!)
6. Är alla fridlysta blommor sällsynta? Ge ett exempel!

rättighet (3) „Recht“
sällsynt „selten“
skyddsvärd „schützenswert“
fridlyst „geschützt“
antal, -et „Anzahl“

Lektion 20

A Anmerkungen und systematische Zusammenfassung

1

till fots

In der gleichen Weise gebildet sind *gå till sängs* „zu Bett gehen“, *gå till bords* „zu Tisch gehen“, *stå till buds* „zu Gebote stehen“.

2

vandring

Andere Substantivbildungen auf -ing sind:

simma – simning
segla – segling
teckna – teckning
laga mat – matlagning

i lugn och ro

Die beiden Wörter drücken das gleiche aus. Vergleichen Sie: *hus och hem* „Haus und Hof“, *saker och ting* „das eine und das andere“.

4

sådan, annan

Es gibt jeweils zwei Singularformen und eine Pluralform. Die (umgangssprachlichen) Kurzformen von *sådan, sådant* und *sådana* sind *sån, sånt* und *såna.*

5

Relativpronomen

Das schwedische Relativpronomen ist ***som*** (Genitiv *vars*). In der gehobenen Schriftsprache wird zwischen *vilken, vilket* und *vilka* (Plural) unterschieden. Man unterscheidet dort auch zwischen dem Genitiv Singular (*vars*) und dem Genitiv Plural (*vilkas*), während man in der Umgangssprache *vars* auch für den Plural verwenden kann.
Vilket kann sich wie *något som* auf den Inhalt eines ganzen Satzes beziehen und entspricht dann dem deutschen „was“. Beispiel: *Inger och Sven gifter sig vilket (något som) alla i familjen har väntat sig.* „Inger und Sven heiraten, was alle in der Familie erwartet haben.“
Som kann verschiedene Verbindungen eingehen, wie z. B. mit *den, det, de, allt, någonting* und *ingenting:*

den som „derjenige, der“ bzw. „wer“
det som „das, was“
de som „diejenigen, die“
allt som „alles, was“
någonting som „etwas, was“
ingenting som „nichts, was“

Man ägnar sig åt det (som) man uppskattar mest.

Hier kann das Relativpronomen *som* entfallen, weil *det* auch das Objekt des Relativsatzes ist. Vergleichen Sie dagegen: *Man ägnar sig åt det som är bra för hälsan.* „Man widmet sich dem, was gut für die Gesundheit ist.“ Hier ersetzt *det* (in Verbindung mit *som*) das Subjekt des Relativsatzes und kann deshalb nicht weggelassen werden.

7

dolde

Schwache Verben wie *dölja/dolde* machen den Umlaut im Imperfekt und in der Partizipform wieder rückgängig: Weitere Beispiele:

säga – sade
lägga – lade
vänja sig – vande sig
sätta – satte

9

… in på postkontoret (posten)

Wenn es sich um Serviceeinrichtungen dieser Art handelt, verwendet der Schwede gewöhnlich *in på*. Ausnahmen: *in i butiken/affären*. Bezeichnend für das Schwedische ist, daß gewöhnlich ein Adverb *und* eine Präposition verwendet werden, wo das Deutsche oft nur eine Präposition hat. Vergleichen Sie:

Han går ***in på*** *restaurangen.* „Er geht ins Restaurant.“

Merken Sie sich auch die Wendungen *gå ut genom dörren, komma in genom dörren, titta ut genom fönstret; Solen skiner in genom fönstret.* („zur Tür hinausgehen, zur Tür hereinkommen, zum Fenster hinaussehen; Die Sonne scheint durchs Fenster.“)

B Übungen

1 — 1

Um welche Art von Urlaub handelt es sich?

vandringssemestern – storstadssemestern – fiskesemestern – cykelsemestern – den aktiva semestern – vildmarkssemestern

1. Det är kämpigt ibland, solen bränner och regnet väter genom kläder och packning. __________

2. Ni lotsas genom vildmarken på islandshästar. __________

3. Vi ägnar oss åt det vi uppskattar mest, jag t. ex. lär mig att väva. __________

4. Min hobby bjuder på spänning och dramatik. Men ibland sitter man förstås i timmar utan att det händer någonting. __________

5. Här saknas det aldrig sysselsättning. Det är fullt med museer, rundturer och nöjen för alla åldrar! __________

6. Vi fick ett helt nytt perspektiv på vårt land genom de möjligheter som våra lättgångna låglandsleder erbjuder. __________

2 ▶ 2

Welche Aussagen verraten eine negative Einstellung, welche eine positive?

a) Jag älskar köttbullar!

negativ/positiv

b) Jag kan inte med ungarnas tjat!

negativ/positiv

c) Min fru är trött på camping.

negativ/positiv

d) Jag känner för att bada!

negativ/positiv

e) Jag tycker om sällskapsresor!

negativ/positiv

f) Jag avskyr vildmarkssemestern!

negativ/positiv

tjat, -et „Gequengel“

3 ▶ 4

sådan – sådant – sådana?

1. Du har en mycket bra bil. Jag skulle också vilja ha en ______________ .
2. Din frysbox är mycket praktisk. Var kan man köpa en ______________ ?
3. I Sverige har man vackra ryamattor. Finns det ______________ i ditt hemland?
4. Jag reser aldrig utomlands. Någonting ______________ skulle aldrig falla mig in!
5. I tidningen står det att det finns billiga charterresor till Rhodos. Skulle vi kunna boka en ______________ här?
6. Du har ett mycket trevligt kök. Vad kostar ett ______________ ?
7. Har ni ______________ här strumpor i min storlek?

ryamatta (1) „Noppenteppich“
resa utomlands „ins Ausland reisen“
Det skulle aldrig falla mig in. „Das würde mir nie einfallen.“

4 ▶ 5

Beantworten Sie die Fragen mit Hilfe der Angaben in den Klammern. Verwenden Sie *den som* bzw. *det som.*

1. Vem köper läroböcker? (lära sig språket)

   ____

2. Vad försöker resebyråerna hitta åt sina kunder? (passa dem bäst)

   ____

3. Vem brukar välja cykelsemestern? (vara nära naturen)

   ____

4. Vad brukar era kunder ägna sig åt under sin semester? (uppskatta mest)

   ____

Unterscheiden Sie zwischen *som* und *något som:*

5. Han har en son ____________ bor på Gotland.
6. Han har en son på Gotland ____________ bara jag vet.
7. Ulf klarade sin tentamen ____________ ingen i familjen hade räknat med.
8. Ulf åkte med tåget ____________ gick kl 14.30.

5 ▶ 7

Setzen Sie die folgenden Sätze ins Passiv.

1. Man förövade ett rån mot postkontoret i Enskede.

   Ett rån ______________________________
2. En påse dolde poststrånaren. *Poststrånaren* ______________________________
3. (Han) avlossade ett skott. *Ett skott* ______________________________
4. Skottet träffade en glasruta. *Glasrutan* ______________________________
5. Man hittade bilen senare vid en tunnelbanestation. *Bilen* ______________________________

   ____
6. Våra kunder uppskattar den aktiva semestern. *Den aktiva semestern* ______________

   ____
7. Man upptäcker Sverige på alla möjliga sätt. *Sverige* ______________________________

   ____

6 ▶ 7

Schreiben Sie einen schwedischen Polizeibericht folgenden Inhalts:

Tatort: Warenhaus in Malmö
Tatzeit: Heute früh 9 Uhr
Tat: Raubüberfall
Täter: Mann, als Weihnachtsmann verkleidet (*utklädd till…*)
Tatwaffe: Eine Spielzeugpistole (*leksakspistol*)

Hergang: Ging zur Lebensmittelabteilung und nahm 20 Kilo Süßigkeiten (*sötsaker*) und 100 Schokoladetafeln (*chokladkakor*) an sich. Auf der Straße wartete ein Rentierschlitten (*en släde, förspänd med renar*). Der Schlitten wurde später in einem Park gefunden.

____

____

____

7 ▶ 7

Sind Sie ein guter Zeuge ?

1. Rånet förövades mot *ett postkontor.* / *en bank.* / *ett varuhus.*

2. En man med *solglasögon* / *en hatt på huvudet* / *en papperspåse över huvudet* kom in på postkontoret.

3. Han avlossade ett skott som träffade *disken.* / *en glasruta.* / *ett kassaskåp.*

4. Därefter *växlade han* / *satte han in* / *rafsade han åt sig* ett par tusen kronor.

5. Ute på gatan väntade *en kumpan.* / *en polis.* / *en gammal dam.*

6. Rånet utfördes på samma sätt som ett rån *för två år sen.* / *i morse.* / *i torsdags kväll.*

8 ▶ 9

Setzen Sie die passenden Ortsbestimmungen ein.

1. Lasse går ______________________ .
2. Ska vi gå ______________________ ?
3. Jag tror att det lönar sig att gå __________ ______________ .
4. Mamma, får vi gå _________ efter maten?
5. Kom, så går vi ______________________ .
6. Ni kan gå ______________________ .
7. Ska vi gå ______________________ ?

9

Beantworten Sie die Fragen, die Sie gleich hören werden, mit Hilfe dieses Informationstextes.

Om oss i dag

Vi blir färre: Vid 1900-talets början hade Stockholm 313 000 invånare. 1960 hade vi ökat till 808 000. I dag är vi 650 000.

Arbetsliv: 40% av stockholmarna är anställda av stat och kommun – arbetar inom den offentliga sektorn. De flesta av dem arbetar på sjukhus och inom socialvården. I storstaden finns även fabriker och hantverkare. 20–25% arbetar inom tillverkningsindustrin.
Bland gifta kvinnor arbetar i dag 7 av 10 utanför hemmet. 1965 var det 4 av 10.

Boende: En av 10 bor i villa eller radhus. Av dem som bor i flerfamiljshus äger 12–14% sin bostad.
1970 stod 60 000 i bostadskön. 1979 var det närmare 30 000. I dag ökar antalet stockholmare utan bostad. Under 30-talet stod hyresvärdarna i kö för att få hyra ut.

Trafik: 1950 fanns närmare 19 000 personbilar registrerade i Stockholm. I dag finns tio gånger så många. 1950 fanns 21 spårvägslinjer, 31 busslinjer och 11 trådbusslinjer. I dag finns förutom T-bana och pendeltåg 60 busslinjer.
Många kommer till Stockholm från kommunerna runt om i länet. På dagtid finns här 20% fler människor än på natten.

invånare (5) „Einwohner"
den offentliga sektorn „der öffentliche Dienst"
förutom „außer"

1. ______________________
2. ______________________
3. ______________________
4. ______________________
5. ______________________
6. ______________________
7. ______________________

Lektion 21

A Anmerkungen und systematische Zusammenfassung

1

Die schwedische Staatsbahn trägt die Bezeichnung *Statens Järnvägar*, abgekürzt *SJ*. (Neuerdings ist eine Privatisierung im Gespräch.) Das Zugfahren ist in Schweden verhältnismäßig billig. Dazu tragen vor allem die vielen Rabattmöglichkeiten bei, vor allem *„Sverigekort"*.

... det blir expresståg norrut

kann im Deutschen nicht wörtlich wiedergegeben werden. Man könnte z. B. sagen „Sie müssen den Schnellzug nach Norden nehmen" oder „Es kommt nur der S. nach Norden in Frage".

5

Präsenspartizip

Die einsilbigen, auf Vokal endenden Verben bilden das Präsenspartizip durch Anhängen von ***-ende;*** die mehrsilbigen Verben hängen dagegen ***-nde*** an das Infinitiv *-a* an:

*ett gå**ende** bord*
*ett växa**nde** intresse* „ein wachsendes Interesse"

Das Präsenspartizip kann auch dazu verwendet werden, die Gleichzeitigkeit zweier Handlungen auszudrücken. In dem Satz *Han kom skrattande uppför trappan* („Er kam lachend die Treppe herauf") hat das Präsenspartizip die Funktion eines Adverbs. Vom Deutschen zu unterscheiden sind Wendungen wie *Han blev sittande* (*stående* etc.) und *Han kom ridande* (*springande* etc.), da das Deutsche hier den Infinitiv bzw. das Perfektpartizip verwendet: „Er blieb sitzen; Er kam geritten."

Präsenspartizipien können auch als Substantive vorkommen, wie z. B. *resande* „Reisender". Unbestimmte Singular- und Pluralform sind gleich (= 5. Deklination); die bestimmte Form Plural ist aber *resandena*. Das Neutrum *ett meddelande* folgt demgegenüber der 4. Deklination: *två meddelanden, meddelandena*.

8

varje / varannan / var / vart

Varje steht sowohl beim Utrum als auch beim Neutrum. *Varannan* hat dagegen eine Neutrumform *vartannat*; im Unterschied zum Deutschen werden beide Wörter zusammengeschrieben. (Vergleichen Sie „jede(r) zweite, jedes zweite".) Mit den anderen Ordinalzahlen ist *var* bzw. *vart* nicht zusammengeschrieben: *var tredje bil.*

9

Det ... är dags ...

Dags ist von *dag* abgeleitet, wird aber mit kurzem *a* gesprochen. Es kommt auch in Zusammensetzungen vor, wie z. B. *Det är sängdags* „Es ist (an der) Zeit, ins Bett zu gehen".

B Übungen

1 ▶ 1

Berichtigen Sie die Angaben, indem Sie noch einmal den Lehrbuchtext 1 lesen und dann das Buch beiseitelegen.

1. Det blir rälsbuss från Stockholm.

2 Herr och fru Stenman åker söderut.

3. Tåget är direktgående.

4. De är framme på förmiddagen.

5. Fru Stenman köper två enkelbiljetter.

6. Det krävs sovplatsbiljett.

7. Hon tar rökare.

8. Medan hon köper biljetterna handlar hennes man en tidning.

enkelbiljett (3) „einfache Fahrkarte“

2 ▶ 1

Sie wollen mit dem Schnellzug nach Göteborg fahren und notieren sich einige Fragen. (Muß man umsteigen, wann ist man da, gibt es Rabatt, kann man an einem Samstag zurückreisen, was kostet eine Fahrkarte hin und zurück, braucht man eine Platzkarte, von welchem Bahnsteig fährt der Zug, wo kann man das Gepäck aufgeben?)

Sie können Ihre Ergebnisse in der nächsten Stunde auch mit anderen Kursteilnehmern durchspielen.

3 ▶ 3

Welche Verkehrsmittel benützen die Personen? Zur Auswahl stehen: *tåg – flyg – turistbuss – bil – tunnelbana eller buss – taxi – båt – cykel*

A: ”Jag är affärsman och reser ofta utomlands – till Amerika t. ex.” ____________

B: ”Jag vill vara helt oberoende av tidtabeller och ta med mig hur mycket bagage som helst.” ____________

C: ”Jag tycker om att solbada, att spela roulett och att gå på diskotek under resan.”

____

D: "Jag vill kunna läsa eller titta på landskapet utanför. När jag är trött vill jag sova i en riktig säng." ______________

E: "Som turist uppskattar jag att bli lotsad genom Sverige." ______________

F: "Jag vill vara nära naturen, åka på små vägar..." ______________

G: "När jag ska gå på teatern vill jag inte behöva leta efter en parkeringsplats eller vänta på bussen eller tunnelbanan."

____

H: "Jag tycker att det finns alldeles för många bilar, så jag åker alltid kollektivt i stan."

____

alldeles för många „viel zu viele"

4 ▶ 5

Bilden Sie aus den in Klammer stehenden Infinitiven das Präsenspartizip.

1. Andreas kom (sjunga) ______________ ut ur badrummet.
2. Det är en (lysa) ______________ idé.
3. Fanns det (gå) ______________ bord på båten?
4. Det är bäst att du själv är (närvara) ______________
5. Har du läst Sjöwall/Wahlöös roman *Den* ______________ *polisen*? (= en polis som skrattar)
6. Är ni (sammanbo) ______________ , du och Eva?
7. (Resa) ______________ med expresståget behöver platsbiljett.
8. Lars har fått ett (meddela) ______________ från posten.

lysa, -er „leuchten"
idé (3) „Idee"

5 ▶ 6

Setzen Sie den passenden Ausdruck ein.

i källarvåningen – på vinden – på taket – sitt arbetsrum – på bottenvåningen – i tvättstugan

1. Pyret var uppe ______________ när det ringde på telefonen.
2. Nere ______________ kommer de att inreda ett mysigt hobbyrum.

inreda, -er „einrichten"

3. Jag tycker om att bo ______________ . Man slipper gå i trappor.
4. Astrid Lindgren har skrivit en bok som heter Karlsson ______________ .
5. ______________ har vi två tvättmaskiner.
6. Olle och jag får var ______________ .

Auf welche Aussagen im Text 6 beziehen sich die Zeichnungen?

1) ....

2) ....

3) ....

4) ....

5) ....

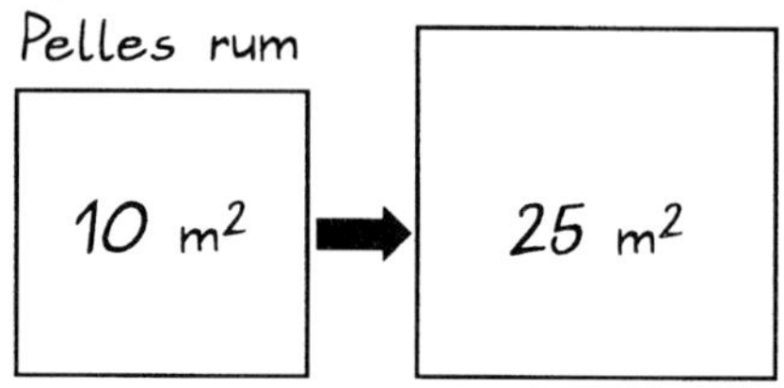

6) ....

7) ....

7 ▶ 8

Var/vart (tredje, fjärde), varje, varannan eller vartannat?

1.  ____________________ ruta är svart.
2. Pelle får ett arbetsrum, Kristina får ett arbetsrum. De får ______________ sitt arbetsrum.
3. 1988 var ett skottår, 1992 var ett skottår, 1996 är ett skottår. ______________________ år är ett skottår.
4. Första gången ringde jag dig i måndags, andra gången i tisdags, tredje gången i torsdags. ______________ gång jag ringde dig var det upptaget!
5. Filterbyte 1988, 1990, 1992, 1994, ________ __________ år alltså.
6. Matbussen kommer på måndag, tisdag, onsdag, torsdag, fredag och lördag, _________ dag alltså.
7. ______________ hus i byn var rödmålat.

upptaget „besetzt“
filterbyte (4) „Filterwechsel“

8 ▶ 9

Sie wissen, was man beim Umzug zu beachten hat und unterstreichen das Zutreffende.

1. Vad ska man begära när man flyttar?
   besiktning/underhållsreparation
2. Ska man själv vara närvarande?
   Ja/Nej.
3. Vad händer med tapeter och målning som man inte kan ta bort?
   Dem kan man sälja/De blir fastighetsägarens egendom.
4. Vad kan man göra med de övriga investeringarna?
   Dem kan man ta med/De måste vara kvar i lägenheten.
5. Får man måla, tapetsera och göra små förändringar utan särskilt tillstånd från värden?
   Nej/Ja.
6. Värden säger att förändringarna sänker lägenhetens standard. Kan han begära ersättning?
   Ja/Nej.

Lektion 22

A Anmerkungen und systematische Zusammenfassung

▶ 2

Die meisten Berufe haben keine weibliche Form mehr. *Läraren* kann z. B. „der Lehrer" und „die Lehrerin" bedeuten. Heute noch verwendbare weibliche Formen sind u. a. *kassörska, hårfrisörska* und *kokerska*.

▶ 3

Mycket ist eigentlich eine Neutrumform, wird aber auch zusammen mit Utra verwendet (*mycket snö*). Es ist außerdem Indefinitpronomen (*Han vet mycket*). – *Folk* hat Pluralbedeutung und entspricht in dieser Verwendung dem deutschen „Leute". Trotzdem wird nicht die Pluralform *många* verwendet, sondern die Singularform *mycket*. Das gleiche ist der Fall, wenn *grönsaker* als Menge aufgefaßt wird; es heißt dann *mycket* (und nicht *många*) *grönsaker*. In dem Satz *Pannkakor är gott* wird die Singularform verwendet, weil man stillschweigend ergänzt *någonting gott* „etwas Gutes". Subjekt und Prädikat sind inkongruent (stimmen nicht überein).

Lite(t) kann wie *mycket* als Indefinitpronomen oder attributiv bzw. adverbial gebraucht werden. Im Gegensatz zum Adjektiv *liten/litet* „klein" hat es die Bedeutung „wenig".

▶ 4

Bilen går inte att starta…

Statt zu sagen *Jag kan inte starta bilen* oder *Det är omöjligt att starta bilen* kann man auch diese Formulierung verwenden. Eine weitere Möglichkeit besteht in der Verwendung von *låta*: … *om bilen låter sig repareras* (weiter unten im Text 6). Im Unterschied zum Deutschen verwendet das Schwedische hier das Passiv.

▶ 5

Den schwedischen Autonummern sieht man nicht an, woher das Auto kommt. Das war früher einmal anders. Jetzt haben alle schwedischen Autos eine Kombination von drei Buchstaben und drei Zahlen, die von einem Computer ausgeworfen worden ist.

▶ 6

Larmtjänst

ist die Hilfsorganisation der schwedischen Versicherungsgesellschaften für Autofahrer. Man muß also nicht Clubmitglied sein, wenn man in den Genuß ihrer Leistungen kommen will. *Larmtjänst* arbeitet auch mit ausländischen Versicherungen zusammen, wenn ein Schadensfall eintritt.

1988 års modell

Bitte vergleichen Sie dazu nochmals Lektion 11, Nr. 10.

7

....var du än befinner dig

Auf diese und ähnliche Weise läßt sich Beliebigkeit ausdrücken. Vergleichen Sie:

vad du än gör „was immer du tust“
vad som än händer „was immer geschieht“
vem du än känner „wen immer du kennst“
vem som än gör det „wer immer es macht“

(Zum Unterschied von *vem* und *vem som* siehe Lektion 19, Nr. 9.)

10

Präpositionen (ortsbestimmend)

Die schwedischen Präpositionen ersetzen zum Teil die Substantivendungen (Kasusendungen), die im Schwedischen bis auf den Genitiv weggefallen sind; sie können aber auch einen Genitiv ersetzen, wie in dem Satz *Färgen på bilen kommer jag inte ihåg* „An die Farbe des Autos erinnere ich mich nicht“. Präpositionen lassen sich gewöhnlich nicht systematisch erlernen, sondern müssen im Kontext erlernt werden.

B Übungen

1 ▶ 1

Wie heißen die Fächer, in denen man das hier lernen kann? Achten Sie auf die Schreibung!

1) ....
2) ....
3) ....
4) ....
5) ....
6) ....
7) ....

1

2

3

4
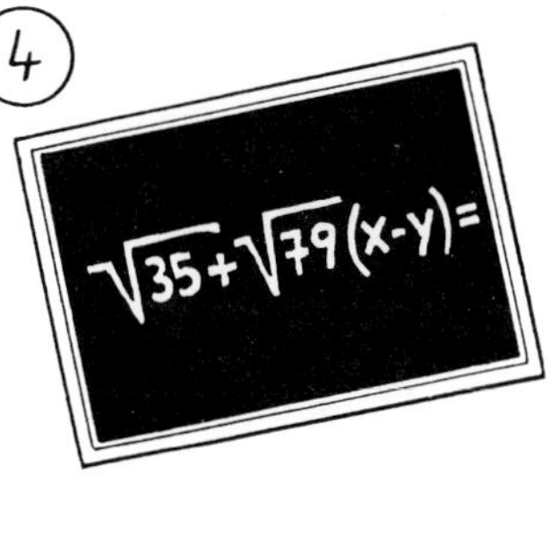

5

6

7
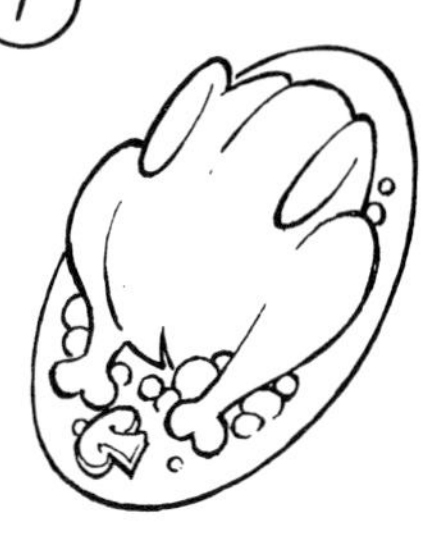

2 ▶ 1

Benennen Sie die Werkzeuge.

A ____________

B ____________

C ____________

D ____________

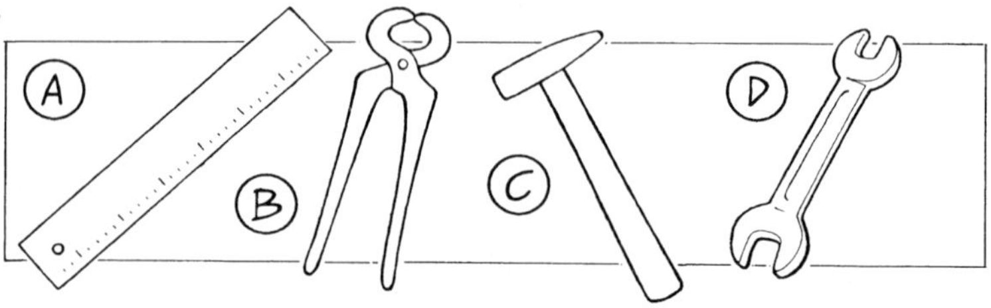

Benennen Sie das Material.

E ____________

F ____________

G ____________

H ____________

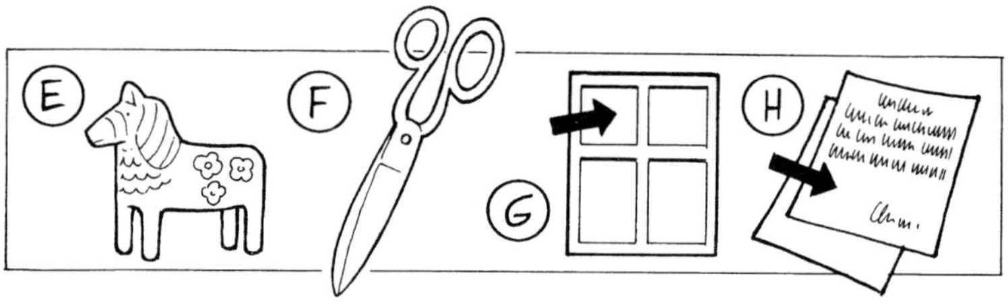

3 ▶ 2

Wie könnte man die Arbeit der folgenden Personen charakterisieren? Kombinieren Sie die Zahlen mit den Buchstaben!

1. Arne är reseledare. ___
2. Eva är småskollärare. ___
3. Krister är bilmekaniker. ___
4. Birgitta är hårfrisörska. ___
5. Ulf är trädgårdsmästare. ___
6. Lena jobbar som sjukvårdsbiträde. ___
7. Anna är sekreterare på något kontor. ___
8. Pär är kock på ett stort hotell. ___
9. Sven är snickare. ___

a) Hon/han är ofta utomhus, älskar blommor.

b) Hon/han blir ofta smutsig i arbetet; måste vara tekniskt begåvad.

c) Hon/han har mycket med barn att göra.

d) Hon/han får människorna att känna sig vackrare; har mycket att göra på fredagar och lördagar.

e) Hon/han måste ha särskilt bra betyg i stenografi och maskinskrivning. Sitter rätt mycket.

f) Hennes/hans arbetsmaterial är trä.

g) Hennes/hans arbete är mycket omväxlande. Hon/han måste veta mycket om sevärdheterna osv.

h) Hon/han har med sjuka människor att göra.

i) Hon/han tycker om att laga mat.

sevärdhet (3) „Sehenswürdigkeit“

4 ▶ 5

Setzen Sie die passenden Wörter mit Hilfe der Zeichnungen ein.
backljuset – bilnyckeln – vindrutan – punktering – vindrutetorkaren – halvljuset (strålkastaren) – blinkern

1. 
.... har gått sönder.

2. 
.... fungerar inte.

3. 
De har fått ....

4. 
.... måste bytas ut.

5. 
Han har glömt .... inne i bilen.

6. 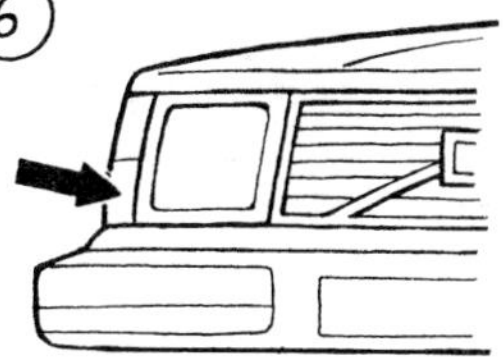
Det är något fel på ....

7. 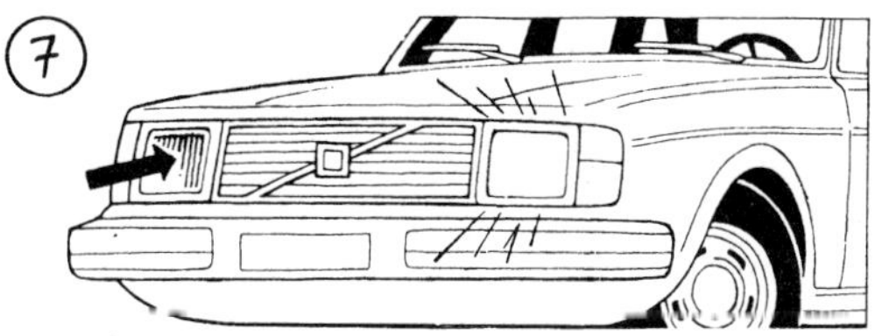
Högra .... fungerar inte.

5 ▶ 5

Um welche Länder handelt es sich?

1. (D) ______________________
2. (N) ______________________
3. (DK) ______________________
4. (S) ______________________
5. (SF) ______________________
6. (F) ______________________
7. (GB) ______________________
8. (A) ______________________

6 ▶ 6

Rekonstruieren Sie die Lagebeschreibung des Lehrbuches mit Hilfe der Skizze und der Angaben.

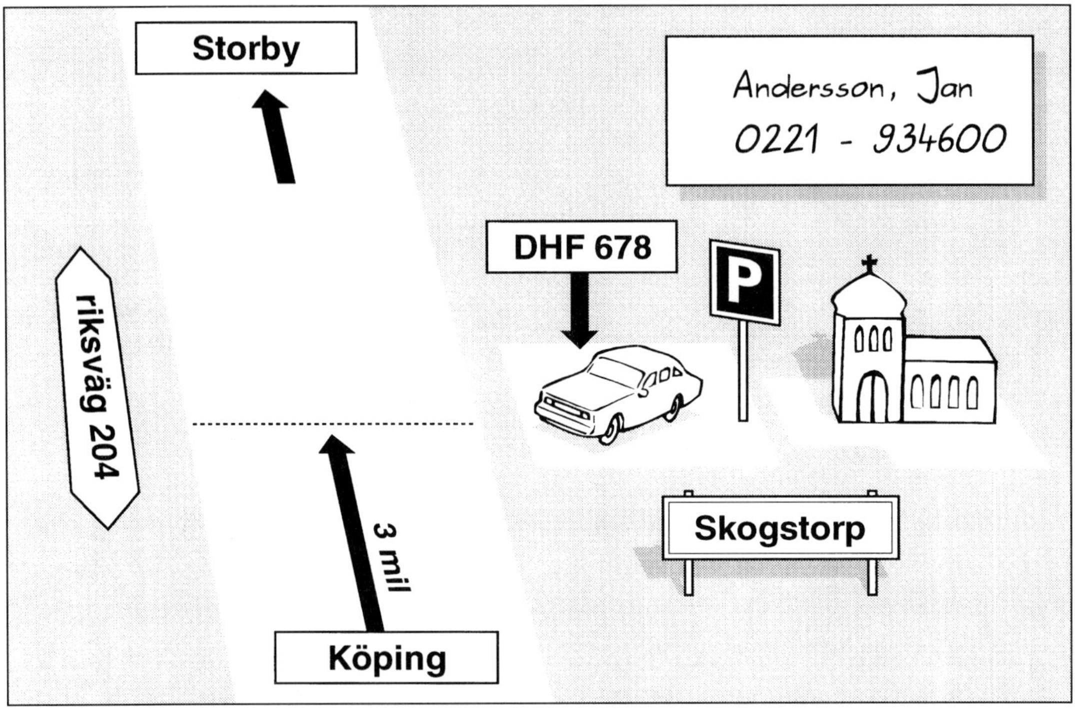

7 ▶ 10

Welche der untenstehenden Ortsbestimmungen paßt jeweils?

bakom · i jämnhöjd · var du än befinner dig · söder · mittemot · någonstans · på ort och ställe

1. Bilen går inte att reparera ____________.
2. Du kan få hjälp ____________________.
3. Parkeringsplatsen är ________________ med Skogstorps kyrka.
4. Motellet är ________________ bensinstationen.
5. Står bilen framför motellet? Nej, den står ________________ motellet.
6. Hotellet är ________________ om Hedestad.
7. Vi befinner oss ________________ mellan Storby och Grantorps kyrka.

8 ▶ 10

Beschreiben Sie die Position der mit Pfeil versehenen Gebäude, Personen usw. in bezug zu ihrer räumlichen Umgebung.

(1)

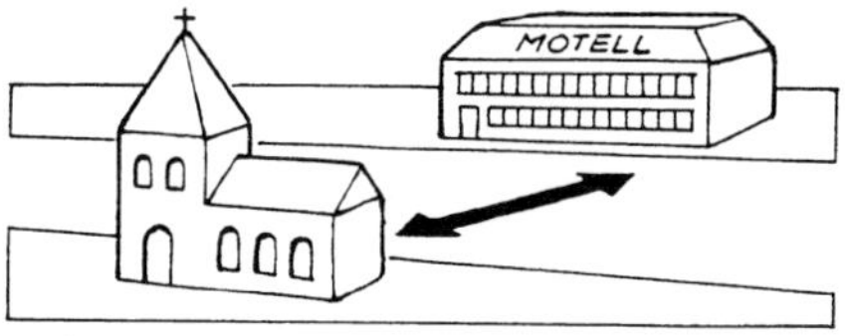

....

(2)

....

(3)

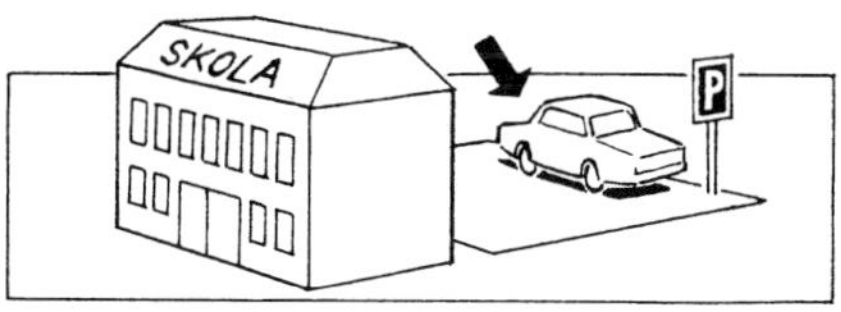

....

(4)

....

(5)

....

(6)

....

(7)

....

9

Sie hören jetzt einen Text, den Sie noch nicht kennen. Hören Sie genau zu und unterstreichen Sie unten die jeweils richtige Angabe.

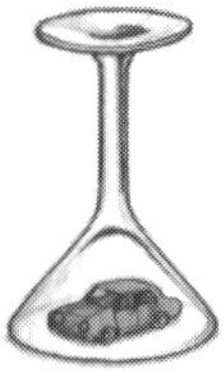

1. Sverige har en mild/sträng trafiklagstiftning.
2. Polisen har rätt/inte rätt att kontrollera blodalkoholhalten.
3. Det är redan små/bara stora mängder alkohol som påverkar körförmågan.
4. Det medför aldrig/alltid straff (böter eller fängelse) när blodalkoholhalten är 0,2 promille eller högre.
5. Körkortet/Passet kan dras in.
6. Polisen rekommenderar att dricka så litet som möjligt/att låta bli alkohol i samband med bilkörning.
7. Du kan ha alkohol kvar i glaset/i kroppen även dagen efter.

Lektion 23

A Anmerkungen und systematische Zusammenfassung

3

Å andra sidan…

Å ena sidan – å andra sidan entspricht dem deutschen „einerseits, andererseits", während *på ena sidan – på andra sidan* „auf der einen Seite, auf der anderen Seite" entspricht.

Skärgården

ist der (Stockholmer) Schärengürtel, eine Vielzahl von kleinen, der Stadt vorgelagerten Inseln, die zum Teil bewohnt sind, zum Teil nicht. Im Sommerhalbjahr verkehren zahlreiche Ausflugsdampfer (*skärgårdsbåtarna*) zwischen der Stadt und den Schären. Viele Stockholmer haben dort ihr Sommerhäuschen.

5

Plusquamperfekt

Das Plusquamperfekt wird aus dem Imperfekt des Hilfsverbs *ha* und dem Supinum der Verben gebildet.

Man verwendet es, um einen Vorgang zeitlich einzuordnen, der noch früher liegt als ein anderer Vorgang in der Vergangenheit, von dem gerade die Rede ist („Vorvergangenheit"). Bei der Verbindung zweier Sätze kann der Hauptsatz im Imperfekt (Präsens) und der Nebensatz im Plusquamperfekt (bzw. Perfekt) stehen.

Efter det att han ***hade ätit*** *lunch började han diska.*
Efter det att han har ätit lunch börjar han diska.

7

Präpositionen (zeitbestimmend)

Vergleichen Sie zu den Präpositionen Punkt 10 in Lektion 22. Hier handelt es sich nun um temporale Präpositionen.

Die Präposition *i* drückt im allgemeinen Dauer aus, kann aber auch Wiederholung bezeichnen (*två gånger* ***i*** *veckan/****i*** *månaden*). Wenn es sich um einen Zeitpunkt innerhalb eines Zeitraums handelt, ist die Präposition *på* angebracht: *Jag har inte sett honom* (Zeitpunkt) ***på*** *två dagar* (Zeitraum).

10

Das schwedische Wort für Umwelt ist *miljö*. Man spricht von *miljöförstöring* „Umweltzerstörung" und *miljövård* „Umweltschutz". Besondere Beachtung finden z.Z. *växthuseffekten* „der Treibhauseffekt" und *skogsdöden* „das Waldsterben".

en femma, en sexa

Substantivierte Zahlen sind im Schwedischen sehr gebräuchlich. *En femma* kann auch ein 5-Kronen-Stück bezeichnen. *Femman* könnte bedeuten *linje fem* „Linie 5". *Har du också en trea?* bezieht sich meist auf eine Drei-Zimmer-Wohnung.

Det är inga dåliga grejor!

ist stark umgangssprachlich und läßt sich z. B. mit „Nicht übel!" wiedergeben.

12

Helt och hållet

gehört zu einer Reihe von Wendungen, die durch Übereinstimmung der Konsonanten am Anfang („Alliteration") auffallen. (Vergleichen Sie „ganz und gar".) Ähnlich gebildet ist *med barn och blomma* „mit Kind und Kegel".

B Übungen

1 ▶ 1, 5

Was könnten Sie anziehen bzw. auf die Reise oder den Ausflug mitnehmen, wenn der Wetterbericht folgendes verspricht?
Vergleichen Sie das Ergebnis Ihrer Überlegungen in der nächsten Stunde mit den Ergebnissen der anderen.

1. 30–35 grader, vattentemperaturen 20 grader.

   Vi tar med oss/på oss ____________________

2. Övervägande mulet, snöfall, 2–3 minusgrader.

   ____

3. Uppehållsväder, 20–25 plusgrader.

   ____

4. Regn, 13–15 plusgrader.

   ____

5. 20–25 plusgrader, regnskurar fram på eftermiddagen.

   ____

6. Friska västliga vindar.

   ____

frisk „frisch"
sommarklädd „sommerlich gekleidet"

2 ▶ 5

Machen Sie deutlich, daß die Handlungen, die in Klammer stehen, zeitlich *vor* den Handlungen des vorhergehenden Satzes liegen, indem Sie sie ins Plusquamperfekt setzen.

1. Vi anlände till flygplatsen i tid. (Åke beställde nämligen en taxi.)

   Åke hade nämligen ______________________

   ____

2. Kristina pratade ofta med hyresvärdinnan. (Hon lärde sig nämligen grekiska och turkiska hemma i Sverige.)

   ____

   ____

3. Svenssons var friska hela tiden. (De vaccinerades nämligen före avresan.)

   ____

   ____

4. Kristina visste allt om sevärdheterna. (Hon läste nämligen resehandböcker om de länder vi skulle besöka.)

   ____

   ____

5. Vi behövde inte bo på hotell. (Åke köpte nämligen ett stort tält på Åhléns.)

   ____

   ____

6. Vi hittade en massa tidningar när vi kom hem. (Vi glömde nämligen att avbeställa dem.)

   ____

   ____

7. Kanariefåglarna mådde bra. (Vi bad nämligen grannarna att ge dem mat.)

   ____

   ____

grekiska „griechisch“
turkiska „türkisch“
vaccinera, -r (sig) (sich) impfen (lassen)
avbeställa, -er „abbestellen“

3 ▶ 5

Erfinden Sie einen Hauptsatz, der den Nebensatz sinngemäß ergänzt.

1. Efter det att vi hade ätit lunch…

   ____

2. Efter det att vi hade lärt oss svenska…

   ____

3. Efter det att jag hade stigit upp…

   ____

4. Efter det att vi hade gift oss…

   ____

5. Efter det att vädret hade blivit bättre…

   ____

6. Efter det att hon hade tagit sin examen…

   ____

7. Efter det att hon hade fått pengarna…

   ____

4 ▶ 7

Hier sind die fehlenden Präpositionen einzutragen.

1. Det hade inte regnat □□ hela året.
2. □□ pingsten tänker vi åka till vårt sommarställe.
3. Vi var tvungna att avbryta semestern □ förtid.
4. Kommer ni att vara där □□□□ sommaren?
5. Det är ganska kyligt □□ nätterna.
6. Utsikter till i morgon: Mulet och regn □□ en del håll.
7. Vi brukar resa dit två gånger □□ året (□ månaden).
8. Vi fick vänta □ tre timmar innan planet lyfte.
9. Väderleksrapporten kommer □□ en kvart.

5 ▶ 12

Stellen Sie fest, welche von den abgebildeten Handlungen umweltfreundlich (*miljövänlig*) sind und welche nicht. Benennen Sie die Handlungen.

....
....

....
....

6 ▶ 12

Setzen Sie die Sätze ins Passiv (*s*-Passiv).

1. En gammalmodig brännare i oljepannan bör man byta ut.

   Brännaren ______________________

   ____

2. Stora besparingar kan man göra om pannan är rätt inställd.

   ____

   ____

3. Mycket värme kan man spara med extra isolering i tak och källare.

   ____

   ____

4. Man måste täta fönster och dörrar.

   ____

   ____

5. Man stänger av varmvattnet när man lämnar fritidshuset.

   ____

   ____

6. Man ska lämna tillbaka tomflaskorna.

   ____

   ____

7. På så sätt vårdar man miljön.

   På så sätt ______________________

   ____

7

1. Erfinden Sie ein Telefongespräch zwischen einem Stockholmer und seinem Nachbarn auf Gotland. Sie reden über das Wetter und ziehen daraus Schlüsse.

2. Der Nachbar erzählt, daß er das Wasser abgestellt und die Fenster und Türen abgedichtet hat.

3. Der Stockholmer sagt, daß er hinauskommen wird. Er möchte gern, daß der Nachbar Feuer macht, lüftet und den Thermostat auf 20° stellt.

vädra, -r „lüften“

____

____

____

____

____

____

____

____

____

____

____

____

8

Suchen Sie sich das passende Verb in dem Text unten aus.

Väderleksrapporten varnade för åskväder, men vi litade på pappa som sa att han räknade med vackert väder. Om det sedan blev regn kunde vi ju avbryta resan. Redan när vi startade började det blåsa rätt kraftigt.
Pappan ökade farten. När vi kom fram visade det sig att grannarna hade glömt att elda i stugan. Det mulnade under natten och när vi vaknade nästa morgon regnade det!

1. Det började ______________ västerifrån och så kom regnet.
2. Förra julen hade de ______________ för halka.
3. När vi kom till Skåne ______________ det lite från havet.
4. Jag tycker att vi inte borde ______________ på väderleksrapporten.
5. Stormen ______________ fram på dagen.
6. Vi var tvungna att ______________ mitt i sommaren!
7. Vi måste ______________ vår semester.

halka, -n „Glatteis“

9

Hören Sie sich noch einmal den Text 3 aus dem Lehrbuch an und beantworten Sie dann folgende Fragen, die Sie anschließend hören.

1. ______________________________
____
2. ______________________________
____
3. ______________________________
____
4. ______________________________
____
5. ______________________________
____
6. ______________________________
____
7. ______________________________
____
8. ______________________________
____

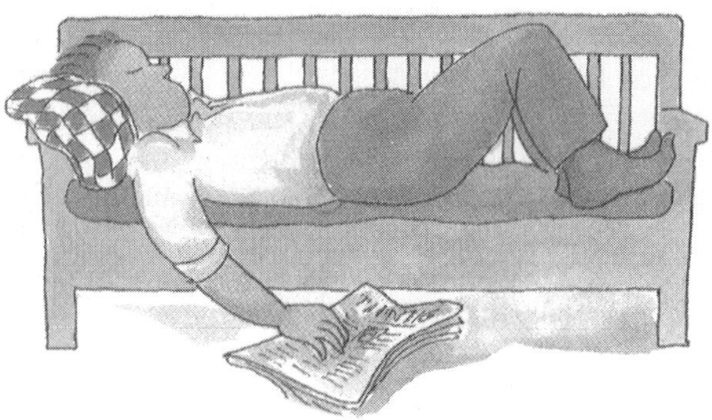

Lektion 24

A Anmerkungen und systematische Zusammenfassung

1

Man geht in Schweden gewöhnlich zu *distriktsläkaren*, wenn man ärztliche Hilfe benötigt. *Distriktsläkaren* kann auch die Überweisung fürs Krankenhaus schreiben (*remiss* genannt), ohne die eine Aufnahme (außer in Notfällen) nur schwer möglich ist. Der ambulanten Behandlung entspricht *öppen vård.*

Chefen kommer jag inte särskilt bra överens med.

Wenn das Präpositionalobjekt am Anfang des Satzes steht, wandert die dazugehörende Präposition ans Satzende. (Diese schwedische Besonderheit wird in Lektion 28 systematisch dargestellt).

2

Prosit

sagt man in Schweden, wenn jemand niest, nicht beim Zutrinken. Dort ist *skål* das richtige Wort.

5

Vad för slags…

richtet sich nicht nach dem Geschlecht des dazugehörenden Substantivs (*vad för slags medicin, vad för slags hus*). Zwei Arten der Wortstellung sind möglich, wie die Satzbautafel zeigt. *Vad för slags* fragt nach einer Eigenschaft und entspricht am ehesten „Was für eine Art von…"

8

handikappade

Das *hand-* wird ebensowenig englisch ausgesprochen wie z. B. das *man* in *gentleman*. (Auch das *g* von *gentleman* folgt der schwedischen und nicht der englischen Aussprache.)

rådgivning

Verben können substantiviert werden, indem man ein ***-ing*** bzw. ein ***-ning*** anhängt:

segla – *segling*
simma – *simning*
röka – *rökning* (z. B. *rökning förbjuden*)

10

Sprachliche Wendungen, die von Körperteilen abgeleitet sind, erfreuen sich wegen ihrer Bildhaftigkeit auch im Schwedischen großer Beliebtheit. Es gibt oft eine deutsche Entsprechung dazu, die aber selten Wort für Wort übereinstimmt. Vergleichen Sie z.B. *De hade ett samtal* ***mellan*** *fyra ögon.* „Sie hatten ein Gespräch **unter** vier Augen."

B Übungen

1 ▶ 1

Was verordnet Doktor Ek seinem Patienten? Unterstreichen Sie das Zutreffende!
Han ordinerar
1. en dietplan
2. tre veckors semester på Mallorca
3. motion
4. sjukgymnastik
5. lugnande medicin
6. gyttjebad

Welche Maßnahmen ergreift er?
Han
1. sjukskriver patienten
2. opererar honom
3. tar sänkan
4. vaccinerar honom
5. röntgar honom

gyttjebad (5) „Schlammbad“

2 ▶ 1

Setzen Sie die fehlenden Substantive ein.

1. Jan är på doktor Ekmans
   □□□□□□□□□□.
2. Han berättar vad han har för slags
   □□□□□□.
3. Jan är □□□□□□□□ till yrket.
4. Doktor Ek tänker röntga
   □□□□□.
5. Redan i morgon eftermiddag kan han ringa
   för □□□□□□.
6. På Jans arbetsplats är det mycket
   □□□□□□ (80 decibel).
7. Doktor Ek menar att det är bra med
   □□□□□□.

3 ▶ 1

Der Arzt hat sich einige Notizen über den Gesundheitszustand von Jan Andersson gemacht. Machen Sie daraus einen kurzen Bericht.

<u>Besvär:</u> *smärtor i mag., mest eft. större målt., försv. eft. ett tag.*
<u>Illamående:</u> *Nej*
<u>Rökvanor:</u> *ca 5 cig./dag*
<u>Alkohol:</u> *ibl. på bjudn., obet. mängder.*
<u>Civilstånd:</u> *xxxxxxxxx (Oläsligt. Vad tror du han har skrivit?)*
<u>Barn:</u> *1*
<u>Arb. förhåll.:</u> *svetsare, trivs ej, buller, trassel m. chefen, omskolning?*

obetydlig „unbedeutend“
oläslig „unleserlich“

4 ▶ 3

Was sagen Sie zum Arzt in Schweden, wenn Ihnen 1. der Kopf, 2. der Hals, 3. der Arm, 4. der Fuß, 5. das Bein, 6. der Magen, 7. das Ohr wehtut?

1. ______________________________
2. ______________________________
3. ______________________________
4. ______________________________
5. ______________________________
6. ______________________________
7. ______________________________

5 ▶ 3

Ersetzen Sie die Illustrationen durch die Bezeichnungen der Körperteile.

1. Pippi hade en bred ____________ och friska vita tänder.
2. Patrik hade snuva. Hans ____________ droppade.
3. ”Varför har du så stora ____________ , mormor?”
4. ”Varför har du så stora ____________ ?”
5. Vad har du på ____________ ?
6. Det här är pek____________ .
7. Doktorn sa: Räck ut ____________ !

6 ▶ 5

Bilden Sie Fragen, die sich auf die hervorgehobenen Informationen beziehen. Beginnen Sie mit *Vad för slags …*

1. Jag har *rygg*besvär.

   ____

2. Det gäller rådgivning *om preventivmedel och abort.*

   ____

3. Jag läser mest *kärleks*romaner.

   ____

4. Jag har en *terräng*bil.

   ____

5. Hon tycker om *rosor.*

   ____

6. Vi hade tänkt oss *kanot*semester *i Värmland.*

   ____

7. Det var en *axel*väska.

   ____

7

Sjukförsäkringen übernimmt einen Teil der Kosten für... (Ordnen Sie zu!)

1. Utprovning av hjälpmedel för handikappade ___
2. Sjukhusvård ___
3. Resor ___
4. Rådgivning om abort och preventivmedel ___
5. Tandvård ___
6. Läkarvård ___
7. Sjukvårdande behandling ___

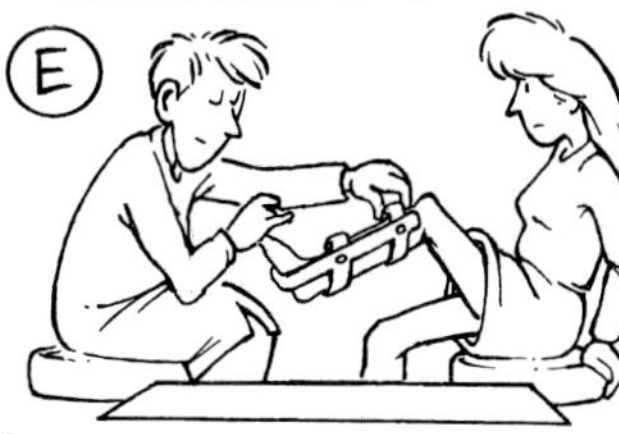

Har du råd med fler barn? „Kannst du dir mehr Kinder leisten?"

8

Was läßt sich tun, um die eigene Kondition zu verbessern? Unterstreichen Sie, was Ihnen zutreffend erscheint und diskutieren Sie die Ergebnisse in der nächsten Stunde!

1. motionera
2. arbeta
3. banta
4. inte äta för mycket
5. simma
6. spela kort
7. spela bordtennis
8. sola sig
9. fjällvandra
10. stiga upp sent på morgnarna
11. sova middag
12. borsta tänderna
13. åka skidor

sova, -er middag „Mittagsschlaf halten"

9

Sie rufen bei einem Gestüt an. Dort ist der automatische Anrufbeantworter eingeschaltet und gibt Ihnen einige Informationen, die Sie sich notieren und dann den anderen mitteilen.

Turridning på islandshäst

1. Bokning
   tel.: ______________________
   (direkt till Häringe turridning)
   eller genom ______________________
   ____
2. Priset
   Heldagstur ______________________,
   ______________________ 300 kr,
   tretimmarstur ______________________
3. Öppettider
   ____
4. Färdväg
   Med bil: ____________ mot Nynäshamn.
   Med kommunalt färdmedel: ____________
   ____
   ______________________ mot Nynäshamn,
   ______________________ i Västerhaninge
   samt ______________________ till
   ______________________ Häringe Grindar.
   ____________ meter promenad sista biten.

Lektion 25

A Anmerkungen und systematische Zusammenfassung

1

vad mycket öl

Vad mycket entspricht dem deutschen „wieviel". Man sagt im Schwedischen auch *Vad mysigt det är!* „Wie gemütlich es ist!"

skridskor

Das *d* bleibt bei der Aussprache meistens stumm. Das gilt auch für das *d* in *ledsen* „traurig" und in *midsommar*.

... för något år sen

Något wird hier als unbestimmte Zeitangabe verwendet. Die deutsche Entsprechung ist „vor ungefähr einem Jahr". Unbestimmt ist auch die Wendung *åt något håll* „in irgendeiner Richtung".

... hon håller på att väva

Hålla på (*med någonting*) bedeutet, daß man gerade dabei ist, etwas zu tun. Die Frage *Vad håller du på med*? („Was machst du so?") kann aber auch eine Frage nach den gegenwärtigen Lebensumständen sein.

2

råka, hinna etc.

Diese Verben, die Sie zum Teil schon kennen, werden (wie die Modalverben) zusammen mit dem Infinitiv des Hauptverbs verwendet (gewöhnlich ohne *att*). Eine direkte Wiedergabe ist im Deutschen nicht immer möglich; *att råka träffa* muß z. B. mit „zufällig treffen" ausgedrückt werden, *att hinna göra någonting* mit „etwas (zeitlich) schaffen", *att orka göra någonting* mit „etwas (körperlich) schaffen". Einige dieser Verben können auch allein verwendet werden. Beispiele:

Vi hinner. „Wir sind rechtzeitig da";
Jag slipper. „Ich komme drum herum."

4

Die beliebtesten Sportarten in Schweden sind *längdåkning, slalom, ishockey, bandy, fotboll, tennis*. Die schwedischen Wintersportler und die schwedischen Tischtennis- und Tennismannschaften zählen zur Weltelite.

6

Hur länge har du hållit på med din favoritsport?

Die hier verwendete Perfektform beschreibt eine Handlung, die in der Vergangenheit begonnen hat und noch andauert. Mit dieser Zeitform werden auch Zustände beschrieben. Wenn jemand fragt *Hur länge har du bott i Sverige*? bezieht er sich darauf, daß der Angeredete seit einem bestimmten Zeitpunkt in Schweden wohnt. Die deutsche Entsprechung ist: „Wie lange wohnst du schon in Schweden?" oder „Seit wann wohnst du in Schweden?"

B Übungen

1 ▶ 1

Versuchen Sie, sich an den Brief auf Seite 141 im Lehrbuch zu erinnern und berichtigen Sie die folgenden Aussagen.

1. Det var länge sen vi träffades på centralstationen i din hemstad.
2. Jag minns att det var kallt och snöade.
3. Här blir det mest utförsåkning på vintern.
4. Det var intressant att läsa om ditt fotbollslag, jag är också med i ett sådant här.
5. Kvarteret där vi bor byggdes för något år sen.
6. Lägenheterna i de moderna bostadsområdena är helt ljudisolerade.
7. Mitt arbetsrum vetter åt en stor park.

ljudisolerad „geräuschisoliert“

2 ▶ 2

Setzen Sie die Wörter unten an die richtige Stelle.
råkade – orkade – låtsades – slapp – hann – brukade – slutade – lyckades

1. Sven _______________ inte bära väskan.
2. Vi _______________ träffa honom på torget.
3. Vi _______________ dricka en kopp kaffe innan tåget gick.
4. Sven _______________ sova länge på söndagarna.
5. Pär _______________ vara sjuk.
6. Eftersom han var under 4 år _______________ han betala på tunnelbanan.
7. Hon _______________ vinna första pris.
8. Eva _______________ röka.

3 ▶ 4

Was bezeichnen die Piktogramme, die Sie hier sehen?

segling – cykling – fotboll – skidåkning – simning – bordtennis – ridning

1. 
____

2. 
____

3. 
____

4. 
____

5. 
____

6. 
____

7. 
____

4 ▶ 5

Sie wollen einen Schweden fragen,

1. ob er übers Wochenende Schi läuft,
2. ob Langlauf sehr populär *(populärt)* ist,
3. ob er mal (*någon gång*) in Åre gewesen ist,
4. ob er Garmisch-Partenkirchen kennt,
5. Was sein Lieblingssport ist,
6. Wie viele Stunden in der Woche er ihn ausübt,
7. ob er auch noch Zeit findet, Bücher zu lesen und ins Theater zu gehen,
8. ob er einem Sportverein angehört,

und notieren die Fragen auf einem Zettel.

5 ▶ 6

Bringen Sie zum Ausdruck, daß die Handlung in der Vergangenheit begonnen hat und noch andauert. Beispiel: *Hur länge har ni bott här?*

1. (vara gift)

   ____

2. (känna varandra)

   ____

3. (ha lägenheten i Solna)

   ____

4. (vara medlem i idrottsföreningen)

   ____

5. (hålla på med engelska/franska/spanska)

   ____

6. (vänta på brevet)

   ____

7. (leta efter en större lägenhet)

   ____

6 ▶ 7

Erzählen Sie die Bildergeschichte auf S. 144 im Lehrbuch mit wenigen Worten. Verwenden Sie das Imperfekt.

____

____

____

____

____

7 ▶ 9

Suchen Sie sich einige der Kontaktanzeigen des Lehrbuchs heraus und versuchen Sie, Einzelheiten daraus in den vier Spalten aufzulisten.

intressen	utseende	personliga egenskaper	önskemål

intresse (4) „Interesse"

önskemål (5) „Wunsch"

8

Finden Sie das Gegenteil.

1. En *ljus*blå blus. ______________
2. Det *börjar* regna. ______________
3. Hon hade *glömt* telefonnumret. ______________
4. Sven är *aldrig* hemma. ______________
5. Hans arbete är *enformigt*. ______________
6. Han arbetar mest *inomhus*. ______________
7. Eva *avskyr* sport. ______________
8. Sven är *gammal*. ______________
9. Här är det *svårt* att få jobb. ______________

9

Füllen Sie die Lücken im Text aus, indem Sie sich die gesprochene Version anhören.

STADSRUNDTUR

LÄR KÄNNA STOCKHOLM PÅ 1,5 TIMMA!

Den här guidade __________ tar Er med genom Stockholms mest intressanta delar. Vi åker via Strandvägen och Djurgården till Kaknästornet, Skandinaviens högsta ________ _____ (155 m), där vi tar ___________ upp för att med guidens hjälp orientera oss över staden. ___________ fortsätter längs Stockholms vatten genom Gamla Stan och till det moderna City. Guiden berättar om ___________ vi passerar, och samtidigt får Ni tips om vad man kan se och göra ___________________ .

Dagligen __________________

(ej 23 december – 1 januari) kl. 11.00 från SVERIGEHUSET

(Biljetter inköpes i Sverigehuset.)

Lektion 26

A Anmerkungen und systematische Zusammenfassung

▶ 2

Flextid

bedeutet eigentlich *flexibel arbetstid.* In Deutschland spricht man von „gleitender Arbeitszeit“.

Vi vore tacksamma…

Frau Nyman könnte stattdessen auch sagen *Vi skulle vara tacksamma…* (vergleichen Sie die Satzbautafel). Der Konjunktiv dient hier dazu, sich höflich auszudrücken.

▶ 4

Konjunktiv

Der Konjunktiv kann

1. bezeichnen, daß man sich etwas als möglich vorstellt: *Det **skulle vara** trevligt om…* „Es wäre nett, wenn…,

2. ausdrücken, daß etwas nicht der Wirklichkeit entspricht (Irrealität): *Om jag skulle ha råd skulle jag flyga till Kanarieöarna,*

3. ausdrücken, daß etwas wünschenswert ist: *Om jag bara skulle förstå vad han säger* „Wenn ich nur verstehen würde, was er sagt“,

4. zur höflichen Formulierung einer Aufforderung dienen: *Skulle du kunna öppna dörren åt mig?* „Könntest du mir die Tür aufmachen?“

Für die indirekte Rede verwendet das Schwedische im Gegensatz zum Deutschen keinen Konjunktiv. Der Satz „Er behauptete, daß er ihn nicht verstehe“ wäre also mit *Han påstod att han inte förstod honom* wiederzugeben.
Echte Konjunktivformen gibt es im heutigen Schwedisch nur noch ganz wenige. Das Wort ***vore*** wird, vor allem in Briefen, noch manchmal anstelle von *skulle vara* gebraucht (*jag vore tacksam* „ich wäre dankbar“). Anstelle von *skulle + kunna/vilja/få/ha* kann man auch die Imperfektformen ***kunde/ville/fick/hade*** verwenden. Beispiel: *Det vore trevligt om du kunde komma snart.*

▶ 6

fackansluten

Fackföreningen („*facket*“) entspricht der deutschen „Gewerkschaft“. Der Dachverband, der die Tarifverhandlungen (*löneförhandlingarna*) mit dem Arbeitgeber führt, heißt *LO*, eine Abkürzung von *Landsorganisationen.*

▶ 8

Die meisten Adverbien haben die Eigenschaft, im Nebensatz „zu wandern“, d.h. sie stehen dort vor dem Verb (Haupt-, Modal- oder Hilfsverb), statt dahinter. Einige Zeitadverbien wie *redan, snart* können wahlweise vor oder hinter dem Verb stehen: *Jag tror att han redan har kommit/att han har kommit redan.*

B Übungen

1 ▶ 2

Ergänzen Sie die fehlenden Dialogteile.

△ Hej, (1) ______________________________ ______________ annonsen i Dagens Nyheter.

■ Hej, är du intresserad av jobbet?

△ Ja, det är jag.

■ (2) ______________________________ ______________________________?

△ Jag har skött min pappas korrespondens.

■ Bra. Är det någonting du vill fråga om?

△ (3) ______________________________ __________? Jag har en liten flicka att sköta.

■ Det skulle vi nog kunna ordna.

△ Det är bra. (4) ______________________?

■ Det blir enligt överenskommelse.

△ (5) ______________________________ ______________________________?

■ Vi vore tacksamma om vi kunde få dem senast 20 oktober.

2

Welche der unten genannten Eigenschaften verdienen es, hervorgehoben zu werden, wenn man sich bewirbt, welche nicht? Diskutieren Sie Ihre Entscheidung in der nächsten Stunde mit anderen.

är trevlig och välvårdad – är tillförlitlig – är mullig – har språkkunskaper – är blyg – är kreativ – är bra att samarbeta med – röker och tar ett glas vin ibland – är pratsam (pratar gärna) – är ambitiös – har stor yrkeserfarenhet – är ärlig – är charmant – har ett fördelaktigt utseende – är musikintresserad.

Det skulle jag skriva i min ansökan:	Det skulle jag inte skriva:

blyg „scheu“, *pratsam* „redselig“, *ambitiös* „ehrgeizig“, *(en) ansökan* „Bewerbung“

3 ▶ 4

Verbinden Sie die irrealen Wunschsätze mit dazu passenden Hauptsätzen.

1. Om jag skulle ha råd __
2. Om du inte hade tagit för mycket salt __
3. Om han hade varit fackansluten __
4. Om det hade varit riktigt varmt __
5. Om jag hade tid __
6. Om jag hade någon tidigare yrkeserfarenhet __
7. Om du hade meddelat din adress __

a) skulle jag söka platsen.
b) hade jag kunnat skriva till dig.
c) skulle vi ha åkt ner till sjön och badat.
d) skulle jag köpa stugan.
e) skulle facket (fackföreningen) ha kunnat hjälpa honom.
f) skulle jag leka med barnen.
g) hade köttbullarna smakat riktigt gott!

4

Zu welchen Eigenschaften könnten die Berufe rechts passen?

1. ______ tycker om att arbeta utomlands.
2. ______ är tillförlitlig, räknar bra.
3. ______ är stark.
4. ______ är barnkär.
5. ______ är kreativ.
6. ______ kan många språk, har ett fördelaktigt utseende.
7. ______ älskar blommor.

a) Trädgårdsmästare
b) Reklamchef
c) Flygvärdinna
d) Bokhållare
e) Hamnarbetare
f) Småskollärare
g) Reseledare

stark „stark“
hamnarbetare (5) „Hafenarbeiter“

5 ▶ 6

Berichtigen Sie die Angaben unten.

1. Lena är städerska (lokalvårdare) på ASEA. ______________________
2. Hennes arbete är långtråkigt. ______________________
3. Arbetskamraterna har hon ingenting att göra med. ______________________
4. Hon är inte fackansluten. ______________________
5. Göran är privatanställd busschaufför. ______________________
6. Han kör bara på dagen. ______________________

7. Han tycker att lönen är för låg. __________

8. Stefan skriver barnböcker och filmmanuskript. __________

städerska (1) *(lokalvårdare* (5)*)* „Putzfrau“ („Raumpflegerin“)

6 ▶ 6

Setzen Sie die fehlenden Substantive ein.

arbetsmiljö – tillägg – anledning – permitteringar – intryck – ansökan – ansökningshandlingarna

1. Jag ringer med __________ av annonsen i DN.
2. Det framgår inte av din __________ vad du gjorde tidigare!
3. Var snäll och skicka in __________ före den 1 augusti.
4. Berätta lite om din __________, är du nöjd med den?
5. Får du __________ för obekväm arbetstid?
6. Författare reser mycket för att samla __________.
7. Hjälper dig facket när det blir aktuellt med __________?

7 ▶ 8

Erweitern Sie die Sätze bzw. Nebensätze mit Hilfe der in Klammer stehenden Negationen.

1. Han kommer före klockan tio. (aldrig)

____

Jag vet att han kommer före klockan tio. (aldrig)

____

____

2. Han är på Sveriges Radio. (inte längre)

____

Jag vet att han är på Sveriges Radio. (inte längre)

____

____

3. Vi kan tala svenska. (inte)

____

De tror att vi kan tala svenska. (inte)

____

____

4. De är i Finland. (sällan)

____

Det sägs att de är i Finland. (sällan)

____

____

5. Hon är hemma på kvällarna. (aldrig)

____

Hennes mamma säger att hon är hemma på kvällarna. (aldrig)

____

____

8

Vilket är ditt drömjobb?

Sehen Sie sich zuerst die Angaben über Camilla Regin und Stefan Holm an und versuchen Sie dann, sie mit Hilfe des gesprochenen Textes zu berichtigen, soweit dies nötig ist.

1. Camilla tar körkort till våren.

2. Hon gillar att köra bil och vill gärna ha det som yrke medan hon är ung.

3. Helst skulle hon vilja köra långtradare i trafik till Norge.

4. Camilla är 28 år.

5. Stefan är yngre än Camilla.

6. Han har säsongjobb.

7. Han skulle vilja arbeta hos SKANSKA. Inom det företaget finns det möjligheter till att arbeta skift.

långtradare (5) „Lastzug“

Lektion 27

A Anmerkungen und systematische Zusammenfassung

▶ 1

... med beteckningen "obunden moderat"

Die schwedischen Tageszeitungen haben Zusatzbezeichnungen, die etwas über ihre politische Richtung bzw. ihre Unabhängigkeit von den Parteien aussagen.

▶ 3

Perfektpartizip der starken Verben

In Lektion 13 wurde bereits das Perfektpartizip der schwachen Verben behandelt. Die Partizipform der starken Verben stimmt in der Neutrumform nicht mit dem Supinum (wie z.B. ***kommit***) überein. Es gibt also immer vier Formen:

kommit (Supinum)

kommen (Partizipform Utrum)
kommet (Partizipform Neutrum)
komna (Partizipform Plural)

Steht das Perfektpartizip als Attribut bei einem Substantiv, das die bestimmte Form hat (wie z.B. *boken*), erhält es die schwache Form. (Vergleichen Sie Lektion 8.) Sie wird wie die Pluralform auf -***a*** gebildet: *den nyutkomn**a** boken, de nyutkomn**a** böckerna* – und zwar unabhängig davon, ob es sich um ein Utrum oder ein Neutrum handelt. Bei der Bildung dieser Partizipform fällt das *-e* weg: *nyutkommen* → *nyut**komna***. Bei doppeltem *m* entfällt das eine *m*. Wenn zum Verb eine Präposition gehört (wie *dricka ur* „austrinken"), verbindet sich diese Präposition mit der Partizipform; außerdem steht sie jetzt vor dem Verb. Vergleichen Sie: *Han har druckit ur glaset/Glaset är urdrucket.*

▶ 6

Komposita

Zusammengesetzte Substantive, sog. Komposita, sind in vielen Fällen durch ein Genitiv-*s* oder einen eingeschobenen Vokal (wie in *familj**e**medlem*) verbunden. Der auslautende Vokal des ersten Substantivs muß oft durch einen anderen ersetzt werden wie in *var**u**hus* (aus *var**a*** + *hus*). Es empfiehlt sich, das Kompositum als Ganzes zu erlernen, da keine allgemein gültigen Regeln für die Art der Zusammensetzung aufgestellt werden können. Der Artikel des jeweils zweiten Substantivs liefert den Artikel der Zusammensetzung: (*en*) *vara* + (*ett*) *hus* = ***ett*** *varuhus*.

▶ 5, 7

Die Naturverbundenheit der Schweden äußert sich u.a. darin, daß man den Vorgängen in der Natur sehr große Aufmerksamkeit schenkt. Das gilt auch für unscheinbare Dinge, wie das Erblühen des ersten Huflattich. Man verwendet für diese Pflanze die lateinische Bezeichnung *Tussilago*. Das Maiglöcken hat ebenfalls einen lateinischen Namen: *Liljekonvalj(e)*.

B Übungen

1 ▶ 1

Was gehört Ihrer Meinung nach zusammen?

1. Man prenumererar __
2. Man informerar __
3. Man rekommenderar __
4. Man kommenterar __
5. Man recenserar (skriver en recension) __
6. Man rapporterar __
7. Man behandlar __

a) en teaterföreställning eller en konsert. (Det kallas recension.)

b) en tidning när man vill att en annan också läser den.

c) vardagliga ämnen på ett raljerande sätt.

d) om bio- och teaterprogram, vernissager osv.

e) politiska händelser. Man skriver en ledare.

f) på en tidning för att kunna läsa den dagligen.

g) sina iakttagelser till tidningarna.

2 ▶ 1

Suchen Sie Begründungen zu finden für

1. den Bezug einer *kvällstidning,* ______________________________
2. den Bezug einer *dagstidning,* ______________________________
3. die Lektüre von *understreckaren,* ______________________________
4. die Lektüre einer *kåseri,* ______________________________
5. die Lektüre eines *ledare,* ______________________________
6. das Studium von *annonser.* ______________________________

3 ▶ 3

Bilden Sie aus den in Klammern stehenden Verben ein Perfektpartizip, das zu dem jeweiligen Substantiv paßt. Beispiel: *en* _____ *tand* (*slå ut*) → *en utslagen tand.*

1. en o_______________ gäst (inte bjuda)
2. en _______________ patient (sjukskriva)
3. ett _______________ glas (dricka ur)
4. en ny_______________ bok (komma ut)
5. en annons om en _______________ hund (springa bort)
6. ett _______________ ord (skriva fel)
7. is är _______________ vatten (frysa)

frysa, -er (frös, frusit) „gefrieren“

4 ▶ 4

Verwandeln Sie die Aussagesätze unten wieder in Zeitungsschlagzeilen.

1. En tonåring har försvunnit.
   ____
2. Två attentatsmän har blivit skjutna.
   ____
3. En bank har rånats mitt i stan.
   ____
4. Vapen och smycken har funnits i vikingagrav.
   ____
5. En polisbil har blivit stulen i Märsta.
   ____
6. Rånarna har gripits i Märsta.
   ____
7. Två miljoner har glömts på tunnelbanan.
   ____

5 ▶ 6

1. (en) vår + (ett) tecken = _______________
2. (en) bil + (en) telefon = _______________
3. (en) kväll + (en) tidning = _______________
4. (en) bakgrund + (en) information = _______________
5. (en) familj + (en) medlem = _______________
6. (en) viking + (en) grav = _______________
7. (en) gata + (en) korsning = _______________
8. (en) hälsa + (en) vård = _______________

6 ▶ 8

Welche von den unten genannten Dingen sind Frühlingsanzeichen (*vårtecken*)?

1. lärkans ankomst
2. loppmarknaden
3. tågets ankomst
4. björkens lövsprickning
5. kräftpremiären
6. svalans ankomst
7. Vasaloppet
8. rean
9. dansen kring majstången
10. gökens ankomst
11. älgjakten

7 ▶ 8

Die Zeichnungen sagen Ihnen, welche Wörter Sie in die Kästchen eintragen können.

1) I går hörde jag den första ______ .

2) ______ brukar komma i maj.

3) Till Skåne kommer ______ redan i maj.

4) ______ infaller i regel i början av maj.

5) ______ börjar i juni.

6) De här ______ syns tidigt på våren.

7) Känner du till de här ______ ?

8 ▶ 8

Berichten Sie in einem Brief an eine(n) Freund/Freundin folgendes auf schwedisch:

1. Sie haben eine schwedische Tageszeitung abonniert.
2. Sie lesen gern den Leitartikel und den Fortsetzungsroman,
3. Sie interessieren sich aber auch für die Frühlingsanzeichen.
4. Die Schweden sind Experten für Frühlingsanzeichen und berichten den Zeitungen von ihren Beobachtungen, lange bevor die Ausländer etwas merken.
5. Die Zeitungen berichten z.B. über die Ankunft der Schwalbe und des Kuckucks.
6. Sie glauben, daß die langen und kalten Winter die Ursache dafür sind, daß die Schweden so viele Frühlingsanzeichen kennen.

9

Versuchen Sie mit Hilfe des Textes, den Sie hören werden, herauszufinden, welche der untenstehenden Alternativen richtig sind.

1. Globen är lik
   a) en jättestor ballong.
   b) ett kärnkraftverk.
   c) ett flaggskepp från någon fjärran planet.
2. Globen är
   a) Europas största byggnad.
   b) världens största klotformade byggnad.
   c) världens största byggnad.

ett klot

3. Globen kan bli samma symbol för Stockholm som
   a) Empire State Building i Manhattan.
   b) Eiffeltornet i Paris.
   c) Operahuset i Sydney.
4. Globen kan byta skepnad (= form)
   a) på några minuter.
   b) på några timmar.
   c) på en dag.
5. Den kan inte användas som
   a) velodrom för cykeltävlingar.
   b) kongresshall eller biosalong.
   c) poparena eller cirkus.

Lektion 28

A Anmerkungen und systematische Zusammenfassung

1

Inte var det för varmt!

Die normale Wortstellung wäre: *Det var inte för varmt.* Durch die Voranstellung der Negation wird der Empörung der Kundin über den von der Verkäuferin geäußerten Verdacht Ausdruck verliehen. Eine emphatische Ausdrucksweise haben wir auch in dem Satz *Vad bryr jag mig om vad de andra säger!* statt *Jag bryr mig inte om vad de andra säger.*

Öppet köp

berechtigt zum Umtausch bzw. Rückgabe der Ware gegen Quittung. Vergleichen Sie dazu die Realie auf S. 158.

2

NK ist eine Abkürzung von *Nordiska Kompaniet.* Es handelt sich um ein weiteres der großen Stockholmer Warenhäuser (*Åhléns* lernten wir bereits in der zweiten Lektion kennen).

3

Kvalitén är det inget fel på.

Der Satz beginnt mit dem Substantiv und nicht mit der dazugehörenden Präposition wie im Deutschen: „An der Qualität ist nichts auszusetzen." Die Präposition steht hier ganz hinten.

7

Der Text bedient sich zahlreicher umgangssprachlicher Ausdrücke (*dojor, spola kröken, flott, farsan, hygglig*). Andererseits enthält er auch Merkmale der Schriftsprache, wie z.B. *med blixtens hastighet, att tolka tidsandan, förändringens modevind.* In einer *kåseri* (vergleichen Sie dazu Lektion 27) liegt der Witz oft gerade in solchen Stilmischungen. Die gewähltere Ausdrucksweise, die stellenweise durchschlägt, erhält auf diese Weise einen ironischen Unterton.

Det är inte så vansinnigt flott... heller

Heller steht hier am Ende des „Satzfeldes", kann aber auch bei der Negation *inte* stehen: *Det är inte heller så vansinnigt flott...*

B Übungen

1 ▶ 1

Welche Antworten passen zu den Fragen ?

1. Får du hjälp? ___
2. Kan jag få tala med avdelningschefen? ___
3. Använde du torktumlare? ___
4. Vattnet i tvättmaskinen kanske var för varmt? ___
5. När köpte du tröjan? ___
6. Är det inte öppet köp kanske? ___
7. Har du sparat kvittot? ___

a) Strax före jul.
b) Nej, jag har stått här i nästan tio minuter utan att bli expedierad!
c) Ja, men det gäller bara saker som inte har använts!
d) Nej, det har jag inte kvar. Det var ju så länge sen!
e) Nej, jag vet naturligtvis att tröjan inte tål att torkas på det sättet.
f) Han är på lunch just nu!
g) Det tror jag inte. Jag tvättade tröjan enligt skötselrådet!

2 ▶ 1

Unterstreichen Sie das Passende.

1. Kunden ville *köpa* / *byta* / *sälja* en tröja.
2. Expediten misstänkte att hon hade använt *torktumlaren.* / *tvättmaskinen.* / *diskmaskinen.*
3. Kunden bestred detta och sa att hon hade tvättat den *långsamt.* / *skonsamt.* / *sparsamt.*
4. Expediten hänvisade till att de andra kunderna var mycket *nöjda.* / *nyfikna.* / *ledsna.*
5. Hon undrade om hon hade sparat *skötselrådet.* / *kreditkortet.* / *kvittot.*
6. Det hade hon inte. Expediten beklagade att *det inte gick att byta utan kvitto.* / *det inte fanns någon annan tröja i hennes storlek.* / *kvalitén inte var den bästa.*
7. Kunden begärde att få tala med *banken.* / *avdelningschefen.* / *sin advokat.*

misstänka,-er „den Verdacht haben“ *bestrida,-er* „bestreiten“ *hänvisa,-r till* „hinweisen auf“

3 ▶ 2

Ordnen Sie zu.

①  ______

②  ______

③  ______

④  ______

⑤  ______

⑥  ______

a) Handtvätt max 40° C
b) Dropptorkning
c) Tål inte vattentvätt
d) Tål inte kemtvätt
e) Tål inte strykning
f) Tål torktumlare

4 ▶ 3

Ergänzen Sie die angefangenen Sätze und achten Sie dabei auf die Stellung der Präposition.

1. Alla väntar på julen. *Julen väntar alla på.*
2. Ingen tog hand om Lena. *Lena* ______________________________
3. Jag är speciellt förtjust i köttbullar. *Köttbullar* ______________________________
4. Halva klassen var kär i Maggan. *Maggan* ______________________________
5. Ingen ville tala med Göran. *Göran* ______________________________
6. Agneta intresserar sig för den här skivan. *Den här skivan* ______________________________
7. Bara Clas är intresserad av frimärken. *Frimärken* ______________________________

5 ▶ 7

Von wem oder was ist die Rede?

1. De jagar världen runt för att tolka tidsandan i modebranschen. *Det talas om* ______________________________
2. De dyker upp med blixtens hastighet. ______________
3. Den kan tjäna som riktmärke för konjunktursvängningarna. ______________
4. Den använder man när man vill att tvätten ska torka mycket snabbt. ______________
5. Det informerar kunderna om hur man ska tvätta det man har köpt. ______________
6. När den är dålig kan man byta varan. ______________
7. Det behöver man när man ska byta någonting. Det visar när och var man har köpt varan. ______________

6 ▶ 7

Tragen Sie die fehlenden Adverbien ein!

Välj bland följande ord: skonsamt – annars – förgäves – snabbt – förstås – dessutom – strax.

1. Den här tröjan köpte jag ______________ före jul.
2. Tröjan måste tvättas ______________ .
3. Jag vet ______________ att tröjan inte får kemtvättas!
4. För oss konservativa människor innebär det ingen förändring, men ______________ är trenden en bekväm kavaj.
5. Tröjan har krympt, ______________ har jag märkt att den färgar!
6. Det gäller att ______________ kunna parera utbytet i butikerna.
7. Papporna har ______________ rotat efter en fräsch skjorta.

7 ▶ 9

Wie könnte man die Jargonausdrücke in der gehobenen Umgangssprache wiedergeben? Unterstreichen Sie das Zutreffende.

1. dojor: skor / vänner / barn
2. pröjsa: äta / låna / betala
3. käka: betala / äta / dricka alkohol
4. en bärsa: en flicka / en krona / en öl
5. en tjej: en krona / en flicka / en smörgås
6. kröka: sova / äta / dricka alkohol
7. en kille: en flicka / en bil / en ung man
8. en hoj: en cykel / en bil / ett gammalt hus
9. tre spänn: tre vänner / tre kronor / tre skor
10. en macka: en sjukdom / en bensinstation / en smörgås
11. en mack: en cykel / en smörgås / en bensinstation

8

Was können Sie sagen, wenn Sie jemandem Komplimente wegen seiner Kleidung machen wollen? ______________________

____

____

Versuchen Sie auf schwedisch zu erklären, was das Sprichwort *"Kläderna gör mannen"* bedeutet. Für welche Berufe könnte es heute noch zutreffen?

____

____

____

____

____

9

Unter den hier aufgeführten Dingen sind auch die Waren versteckt, die eine schwedische Familie bei ihrem Besuch im Warenhaus kauft. Hören Sie folgenden Text und kreuzen Sie das Zutreffende an!

- en chokladkaka ☐
- parfym ☐
- rakblad ☐
- en snygg tröja ☐
- en kjol ☐
- en blus ☐
- en regnrock ☐
- en täckjacka ☐
- en pyjamas ☐
- en skjorta ☐
- en slips ☐

täckjacka „wattierte Sportjacke“

Lektion 29

A Anmerkungen und systematische Zusammenfassung

1

Die Brautkrone gehört in Schweden ebenso zur Tradition wie die Veröffentlichung des Hochzeitsbildes in den Tageszeitungen.

2

Die schwedische Kirche ist Staatskirche, was früher darin zum Ausdruck kam, daß *pastorsexpeditionen* (das Büro des Pfarramts) die gleiche Aufgabe übernahm wie das deutsche „Einwohnermeldeamt“.

5

Adjektive ohne Adjektivartikel

Wenn ein Adjektiv als Attribut (Beifügung) beim Substantiv steht, wird gewöhnlich ein Adjektivartikel benötigt. (Vergleichen Sie noch einmal Lektion 8.) Bei Adjektiven, die ein Gegensatzpaar bilden, wie *högra – vänstra, äldsta – yngsta, första – sista* kann jedoch der Adjektivartikel entfallen. Die Adjektive *nästa* und *samma* werden darüber hinaus ohne den angehängten Artikel verwendet:

samma fel „der gleiche Fehler“
nästa gång „das nächste mal“

7

Gymnasieskolan

wird z. Zt. abermals reformiert; vor allem soll sich die Zahl der Ausbildungslinien verringern. Soweit noch Noten vorkommen, ist eine Fünf die beste Note! Das dem Abitur entsprechende Abschlußexamen des Gymnasiums, *studenten* (= *studentexamen*) genannt, ist seit langem abgeschafft. Man kann auch später noch auf dem Wege der Erwachsenenbildung zur Universität überwechseln.

9

Schweden ist eine parlamentarische Monarchie. Die politischen Entscheidungen fallen in *riksdagen* (Reichstag). Alle drei Jahre ist *val till riksdagen* (Reichstagswahl). *Statsministern* ist dem Bundeskanzler vergleichbar, während der schwedische König nur Repräsentationspflichten hat und sich am ehesten mit dem deutschen Bundespräsidenten vergleichen läßt.

B Übungen

1 ▶ 1

Welche der rechts stehenden Wörter geben den Status der Personen wieder, die unten zu Wort kommen bzw. sich anderweitig verraten.

Han/hon är …

1. änka. ___
2. förlovad. ___
3. gift. ___
4. frånskild. ___
5. sammanboende. ___
6. ogift. ___
7. separerad (gift, men inte längre sammanboende). ___

ungkarl (2) „Junggeselle“

2 ▶ 2

Bilden Sie Substantive.

1. föda	en	______	5. döpa	ett	______
2. inträda	ett	______	6. viga	en	______
3. anmäla (sig)	en	______	7. ansöka	en	______
4. konfirmera	en	______			

föda, -er „gebären“; *döpa, -er* „taufen“

3 ▶ 5

Bilden Sie Gegensatzpaare.

1. undre sängen – *övre sängen*
2. första tåget – ____________
3. äldsta barnet – ____________
4. bästa resultatet – ____________
5. en annan bil – ____________
6. vänstra armen – ____________
7. övre sängen – ____________
8. Västra Långgatan – ____________
9. förra året – I ____________(!)
10. denna gång – ____________ gång

undre „der (die, das) untere"
övre „der (die, das) obere"

4 ▶ 9

Finden Sie das passende Wort!

1. Samtliga *parter* / *partyn* / *partier* stod bakom EU-anslutningen.
2. Det borgerliga blocket består av Centern, Moderaterna, Kristdemokratiska Samhällspartiet och *miljöpartiet de Gröna.* / *Folkpartiet.* / *Socialdemokraterna.*
3. Det är inte många partier som klarar *5% -spärren.* / *6% -spärren.* / *4% -spärren.*
4. Socialdemokraterna *tillhör det borgerliga blocket.* / *är ett litet parti som inte klarar 4%-spärren.* / *var länge i regeringsställning.*
5. På grund av den tilltagande *miljöstöringen* / *miljöförstöringen* / *miljöförstoringen* är alla partier tvungna att ha miljöprogram.
6. Invandrarna är valberättigade i *riksdagsvalet.* / *valet till stadsfullmäktige.* / *kommunalvalet.* (Här är det två rätta svar.)
7. SIFO undersöker *vidareutbildningen.* / *allmänbildningen.* / *opinionsbildningen.*

bestå, -r av „bestehen aus"
-bildning (2) „-bildung"

5 ▶ 9

Erklären Sie folgende Begriffe:

1. SIFO

____

____

2. de borgerliga

____

____

3. tungan på vågen

____

____

4. 4%-spärren

____

____

5. en poströst

____

____

6

Füllen Sie die Felder der Kästchen mit den passenden Präpositionen aus.

1. Var gick du ☐ skolan?
2. Läste du ☐☐ universitetet?
3. Ett litet parti kan vara tungan ☐☐ vågen.
4. Jag är medlem ☐☐ svenska kyrkan.
5. Hon jobbar ☐☐ ett kontor i Solna.
6. Brukar du gå ☐ kyrkan på söndagarna?
7. Igår var vi ☐☐ pastorsexpeditionen och talade med pastor Nyblom om vigseln.
8. Pastorsexpeditionen ligger ☐☐ Drottninggatan.

7 ▶ 10

Um welche Parteien handelt es sich?

1.  ______________________

2.  ______________________

3.  ______________________

4.  ______________________

5.  ______________________

6.  ______________________

8 ▶ 12

Wie sehen die Personen aus? Versuchen Sie, die Adjektive unten zuzuordnen.

a) glad
b) rädd
c) lycklig
d) trött
e) ledsen
f) förvånad
g) arg
h) arrogant
(mallig)

förvånad „erstaunt“

1) .... 2) .... 3) .... 4) ....

5) .... 6) .... 7) .... 8) ....

9

Sie sehen hier die Freizeitvergnügungen der Familien SPARA und SLÖSA. Ordnen Sie die Bilder den Familien zu und begründen Sie es! Diskutieren Sie mit den anderen Kursteilnehmern, was der Umwelt schadet und was nicht.

Ord att välja på: *energikrävande* „energieschluckend“, *förbruka, -r* „verbrauchen“, *förorena, -r* „verschmutzen“, *motorbåt* (2) „Motorboot“

Familj Spara	Familj Slösa

①

②

③

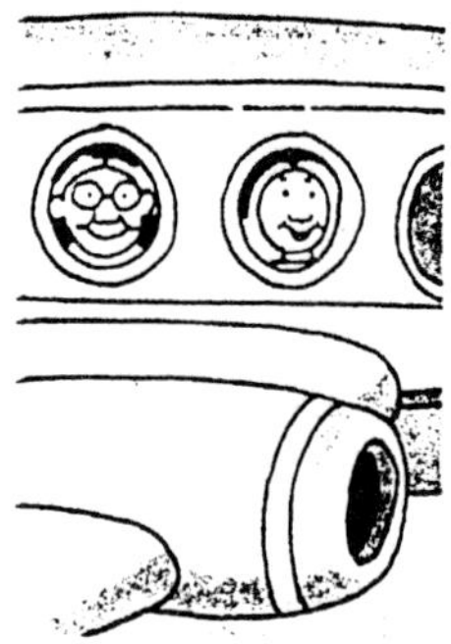

④

⑤

⑥

⑦

⑧

⑨

⑩

Lektion 30

A Anmerkungen und systematische Zusammenfassung

▶ 1

Die Landmasse Schwedens hebt sich seit Jahrtausenden langsam aber stetig aus dem Meer, was u. a. zur Unterbrechung der Wasserstraße geführt hat, die zur Wikingerzeit Uppsala mit dem Meer verband. Man nennt dieses Phänomen *landhöjningen*.

▶ 5

Sveriges landskap

sind historisch gewachsene geographische Gebilde, während die *län* (ein Lehnwort aus dem Deutschen, vgl. Lehen) Verwaltungsbezirke – ähnlich den deutschen Regierungsbezirken – darstellen. Es gibt 25 *landskap* und 24 *län*.

▶ 6

Samerna

sind die Ureinwohner Lapplands. Sie leben von der Rentierzucht und der Jagd. Viele Ortsnamen in Norrland sind sämischen Ursprungs, so z.B. auch *Kebnekaise* (auch *Kebnekajse* geschrieben), der höchste Berg Schwedens.

Kungsleden

bedeutet eigentlich „Der königliche Weg" im Sinn von „einzigartig, unvergleichlich".

de 100 000 sjöarnas land

Finnland wird von alters her *de 1000 sjöarnas land* genannt. Schweden hat selbst über 80 000 Seen, was in der nachahmenden Bezeichnung *de 100 000 sjöarnas land* zum Ausdruck kommen soll. Viele schwedische Seen sind leider durch den sauren Regen und die Überdüngung völlig ohne Leben.

Skeppsättningarna

sind große Findlinge, die in Form eines Wikingerschiffes aufgestellt sind. Die größte *skeppsättning* befindet sich in *Skåne*.

▶ 8

Konjunktionen

sind Wörter, die der Verbindung von Sätzen dienen. Sie leiten gewohnlich einen Nebensatz ein, der dem Hauptsatz voran- oder nachgestellt sein kann. Wenn man mit dem Nebensatz beginnt, steht im Hauptsatz das Verb und nicht das Subjekt am Anfang; man nennt diese Umstellung Inversion. Vergleichen Sie mit Lektion 4 (11).
Nebensätze, die mit der Konjunktion *därför att* eingeleitet werden, sollten aber nicht vor dem Hauptsatz stehen. Wenn der Nebensatz am Anfang stehen soll, kann man statt *därför att* die Konjunktion *eftersom* verwenden.
Die Konjunktionen können z.B. kausal, konditional, konzessiv oder temporal sein, d. h. einen Grund angeben, eine Bedingung bzw. eine Ein-

schränkung bezeichnen oder einen Vorgang zeitlich einordnen.
Die Unterschiede zwischen Konjunktion und Präposition sind teilweise minimal (vergleichen Sie die Konjunktion *tills* „bis" mit der Präposition *till* „bis"), können aber auch ganz verloren gehen wie im Falle von *innan*, das heute auch als Präposition benutzt wird und dabei ist, die Präposition *före* „vor" zu verdrängen. (Man sagt heute meist *innan maten* statt *före maten*).

B Übungen

1 ▶ 1

Was erlebt der Reporter in der Realität und was erlebt er in seiner Phantasie? Ordnen Sie die Bruchstücke und bilden Sie ganze Sätze. Versuchen Sie sich dabei an den Lehrbuchtext zu erinnern.
paddla – köra under en bro – dånet av bilarna på Norrtäljevägen – havet långt bort – segla – vikingaskepp – ut till havet – på väg ner mot Miklagård – en massa åkerland – prydas av drakhuvud – ett paradis för paddlare – ett semestermål – fem meter högre – för tusen år sedan – bryta förbindelsen

realitet	fantasi

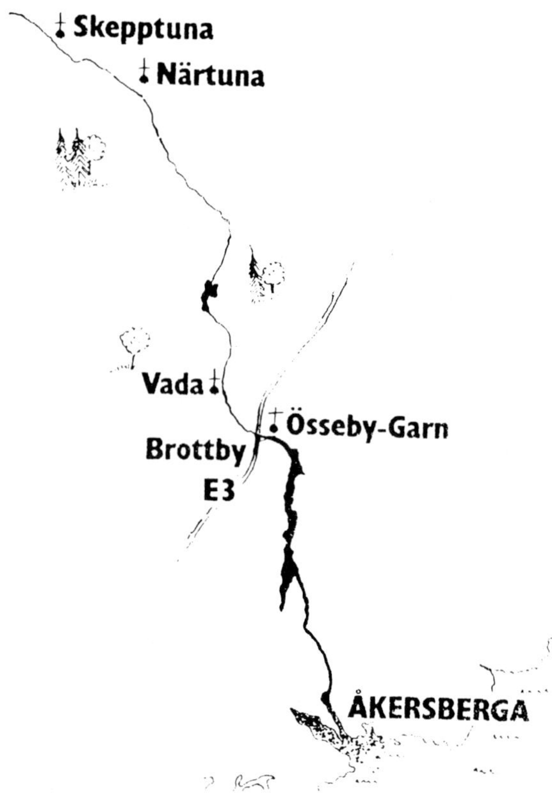

Från Åkersberga slingrar sig Långhundraleden upp genom Uppland, en gång i tiden ända till Uppsala.

2 ▶ 1

Rekonstruieren Sie ein Gespräch zwischen einem Uppsalienser Reisebüroangestellten und einem Touristen.

Der Tourist sagt, daß er von einem Paddlerparadies in Uppland gelesen hat, aber sich nicht mehr an den Namen erinnert. Zur Verdeutlichung fügt er hinzu, in der Zeitung gelesen zu haben, daß die Wikinger diesen Weg (*led*) benützten, wenn sie von Uppsala zum Meer und weiter nach Rußland und Konstantinopel segelten.
Der Angestellte nennt den Namen des Wasserweges, gibt aber zu bedenken, daß man heutzutage nicht mehr von Uppsala bis ans Meer segeln oder paddeln kann.
Der Kunde möchte wissen, warum, worauf ihm der Angestellte erklärt, daß das Wasser am Ende der Wikingerzeit fünf Meter höher war als heute. Er erklärt dem Kunden anhand der beigefügten Skizze, wie *Långhundraleden* verläuft.

3 ▶ 6

Bilden Sie die Pluralform der in Klammer stehenden Wörter.

1. De flesta människorna bor i (en tätort) ______________ .
2. Stockholm har över en miljon (en invånare) ______________ .
3. I Norrland är avståndet mellan (gården) ______________ mycket stort.
4. Tusentals människor vandrar med sina (en ryggsäck) ____________ mellan Ammarnäs och Abisko.
5. (Sjön) ______________ och (barrskogen) ______________ präglar landets utseende.
6. Det märks bl. a. på (runstenen) __________ ________ att Sverige en gång i tiden var ett vikingaland.
7. Vikingarna seglade på (floden) __________ ________ i Ryssland ner mot Miklagård.

4 ▶ 6

Fragen zum Text 6:

1. Hur många invånare har Sverige?

   ____

2. Vad betyder det för folktätheten?

   ____

   ____

3. Vad kallas en bygd där avståndet mellan gårdarna och samhällena är mycket stort?

   ____

4. Vad heter Norrlands mest kända skidorter?

   ____

5. Vad kallas den vandringsled som går mellan Ammarnäs och Abisko?

   ____

6. Har norra Sverige någon betydelse för svenskt näringsliv?

   ____

   ____

7. Vad förstår man när man tittar på en Sverigekarta och ser mängden av sjösystem och vattendrag?

   ____

   ____

8. Vad skulle man kunna kalla Sverige på grund av att det har så många sjöar?

   ____

5 ▶ 6

Ordnen Sie zu.

1. Vad heter landskapet där Uppsala ligger? ___
2. Vad är Långhundravägen idag? ___
3. Vikingarna seglade ända ner till … ___
4. Vad är det som präglar landets utseende? ___
5. Vad är Åre och Storlien? ___
6. Vad kallades Konstantinopel (Istanbul) på vikingatiden? ___
7. Vad är det som påminner om vikingarna? ___
8. Kungsleden går mellan Ammarnäs och … ___

a) Miklagård
b) Sjöarna och barrskogarna
c) Abisko
d) Skeppsättningarna och runstenarna
e) Ett paradis för paddlare
f) Uppland
g) Kända turistorter
h) Konstantinopel (Istanbul)

6 ▶ 8

Om eller när? Entscheiden Sie, welche Konjunktion in Frage kommt.

1. ___________ du tycker om gamla slott ska jag visa dig Gripsholm.
2. ___________ vikingarna seglade till Miklagård hade de pälsverk, bärnsten och andra varor med sig.
3. Den här tröjan krymper inte ___________ man tvättar den enligt tvättrådet.
4. ___________ vikingarna bodde i Sverige var vattenytan mycket större än nu.

Trots att (*även om*) oder *därför att* (*eftersom*)?

5. Vikingarna kunde segla ut till havet ___________ vattnet gick 5 meter högre än nu.
6. Många var rädda för vikingarna ___________ de kom som handelsmän också.
7. Sverige är ett klassiskt turistland ___________ det finns så mycket orörd natur.
8. Svenskarna tar ofta ett dopp i havet ___________ vattnet inte är särskilt varmt på sommaren.

pälsverk „Rauchwaren, Pelze“
bärnsten „Bernstein“
handelsmän „Handelsleute“

7 ▶ 8

Till eller tills? Benötigen wir die Präposition oder die Konjunktion, um den Satz zu vervollständigen?

1. Vänta *tills* / *till* Sven kommer!
2. Jag har en tid hos frisören *tills* / *till* på fredag.
3. Jag väntar här *tills* / *till* du kommer.
4. Banken är öppen *tills* / *till* klockan tre.

Under oder *medan*?

5. *Under* / *Medan* hans Sverigeresa regnade det aldrig.
6. *Medan* / *Under* resan till Polcirkeln träffade han många trevliga människor.
7. *Under* / *Medan* han åkte genom Sverige hälsade hon på sin moster i England.
8. *Under* / *Medan* vi åt lyssnade vi på väderleksrapporten.

8

Der Text unten ist gegenüber dem gesprochenen Text, den Sie gleich hören werden, leicht verändert. Stellen Sie die Abweichungen fest und korrigieren Sie den Text.

KANOTSEMESTER

Ljudlösheten är en av de stora upplevelserna av kanotsemestern. Kanoten glider fram på vattnet långt, hörbart. Vattnets stilla porlande överröstas av naturens egna ljud. Kanotsemestern är dessutom fri från stress. Motorn kan gå sönder, bensinen kan ta slut. När man fått nog av paddlingen slår man läger. Ett tält samt skaffning för några veckor är vad kanotisten behöver för att leva ett bekymmersfritt indianliv, i marginalen på vår civiliserade tillvaro. Sverige är stort men svenskarna få. Det finns gott om plats för den som vill hitta ett östört horn av Sverige för att njuta av sin kanotsemester. Sjöar och öar lämpade för kanoting finns över hela landet, från Norrlands älv- och sjösystem till de lugna små älvarna nere på Skåneslätten.

Schlüssel

Lektion 1

1

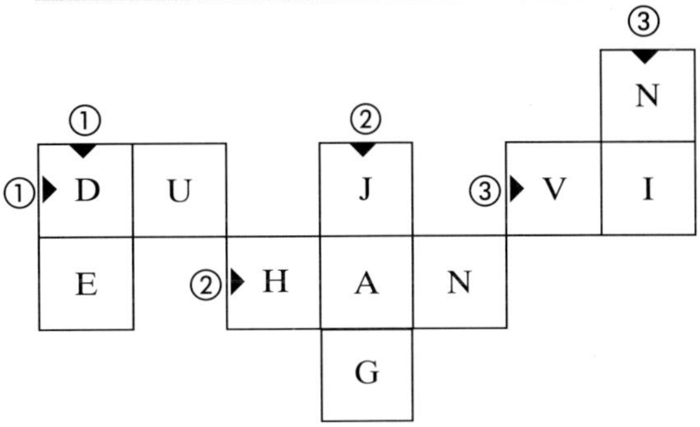

2

1. svenska 2. danska 3. norska 4. franska 5. engelska 6. spanska 7. italienska

3

D 1. Hej!
S 2. Hej!
D 3. Jag heter (Dieter). Vad heter du?
S 4. Jag heter (Sven).
D 5. Varifrån är (kommer) du?
S 6. Jag är (kommer) från Sverige (från Stockholm).
D 7. Talar du tyska?
S 8. Nej, jag talar bara engelska.
S 9. Varifrån är (kommer) du?
D 10. Jag är (kommer) från Tyskland (München).

4

1. Varifrån är du? 2. Varifrån är ni? 3. Är du från (Sverige)? 4. Är ni från (München)? 5. Vad heter du? 6. Talar ni (svenska)? 7. Är du (svensk)? 8. Är (Karin) (norska)?

5

1. Det här är Petra. Hon är från Berlin. Hon talar tyska och svenska.
2. Det här är Arne. Han är från Stockholm. Han talar svenska och engelska.
3. Det här är Søren. Han är från Köpenhamn. Hans fru heter Kirsten. De talar danska och tyska.
4. Det här är Kaare och Greta. De är från Oslo. Han talar norska och engelska, hon talar också finska.

6

1. Anders 2. Torleif 3. Kerstin 4. Petter 5. Kaare och Solveig 6. Søren 7. Åsa

7

1. kommer 2. talar 3. ligger 4. talar 5. heter 6. är

8

A. Tågsemester B. Bussemester C. Cykelsemester D. Bilsemester E. Vandringssemester F. Båtsemester

Lektion 2

1

Bitte vergleichen Sie das Ergebnis mit Text 1 im Lehrbuch.

2

1. Varifrån 2. Hur 3. Var 4. Vad 5. Vad 6. När

3

A. nio B. fem C. elva D. sex E. tolv F. tjugotvå G. fyra H. tjugosju

4

en smörgås med ost / kaffe / 6 kronor
en smörgås med leverpastej / te / ingenting
en smörgås med ost och en bulle / te / 1 krona
en bulle / kaffe / 11 kronor

5

1. Servitrisen 2. Hotellet 3. Frimärket 4. Klockan 5. Smörgåsen 6. Kafeterian

6

en penna, en sax, en gaffel, en kopp kaffe, ett brev, ett glas

7

1. dricka 2. tända 3. skriva 4. öppna 5. ringa 6. äta

8

1. till 2. från 3. i 4. på 5. med 6. på 7. för 8. på

2

1. c 2. a 3. d 4. e 5. f 6. b

3

1. lägenhet 2. husvagn 3. stuga 4. tält 5. vandrarhem 6. hotell

4

A. Centralvärme, WC, Dusch
B. Torrklosett, TV
C. Öppen spis, fotogenbelysning, affär i närheten
D. 50 m till havsbad, husdjur välkomna

6

1. Den 2. Det 3. Det 4. Den 5. Det 6. de

7

1. cyklar 2. ringer 3. står 4. kostar 5. städar bäddar 6. tar 7. heter

8

Skeppsmyra:	27 am Schluß, nicht 72
Arholma:	18 am Schluß, nicht 80
Kapellskär:	Vorwahl 0176, nicht 0167
	69 am Schluß, nicht 96
St Karlsholmen:	460 23, nicht 462 23
Gällnö:	17 am Schluß, nicht 70

Lektion 3

1

A 1. Jag skulle vilja semestra på Gotland.
B 2. Vill du (ni) bo på hotell?
A 3. Nej, jag skulle vilja hyra (en) lägenhet. Vad kostar det?
B 4. Tretusen kronor i veckan.
A 5. Finns det vandrarhem också?
B 6. Ja, men där bäddar och städar du (ni) själv.
A 7. Kan man laga mat där?
B 8. Ja, det finns ett kök (på vandrarhemmet).
A 9. Finns det cykel att hyra? (Kan man hyra cykel?)
B 10. Ja, det finns en cykeluthyrning.

Lektion 4

1

a) Kan jag få… / Jag skulle vilja ha…
b) Vilken sort? Hur mycket ska vi ta?
c) Någonting annat?
d) Var det bra så?
e) Vad heter den där (det där)…? Vad (hur mycket) kostar…?

2

1. hekto 2. gram 3. deciliter 4. öre

3

C. Flaskan är stor.
D. Flaskan är liten
E. Hotellet är billigt.
F. Hotellet är dyrt.
G. Varuhuset är nytt.
H. Varuhuset är gammalt.
I. Paketet är stort.
J. Paketet är litet.
K. Stugan är dyr.
L. Stugan är billig.
M. Bilen är gammal.
N. Bilen är ny.

4

1. a 2. b 3. b 4. b 5. b 6. a 7. a

5

Från A till Ö.
Olsson, Zetterström, Ågren, Ängkvist, Östergren

6

1. På torsdag tvättar Eva. 2. På onsdag går hon på en konstutställning. 3. På söndag äter hon på restaurang. 4. På lördag går hon på bio. 5. På tisdag städar hon. 6. På fredag hälsar hon på sina vänner.

7

1. När går hon till resebyrån?
   Det gör hon på måndag.
2. När städar hon?
   Det gör hon på tisdag.
3. När går hon på bio?
   Det gör hon på onsdag.
4. När spelar hon tennis?
   Det gör hon på torsdag.
5. När går hon till Åhléns?
   Det gör hon på fredag.
6. När går hon på restaurang?
   Det gör hon på lördag.
7. När tittar hon på TV?
   Det gör hon på söndag.

8

a) Jag ska gå på bio.
b) Jag ska städa.
c) Jag ska gå till varuhuset.
d) Jag ska delta i en studiecirkel i engelska.
e) Det kommer att regna.
f) Bilen kommer att vara klar klockan fem.
g) De kommer att semestra på Gotland.
h) Clas kommer att bo på hotell Svea.

9

Svensson, Ek, Lundgren, Bäckström, Sjöberg, Lindskog, Andersson, Bergman

Lektion 5

1

1. min dotter 2. min man 3. min mor 4. min syster 5. min son 6. mina bröder 7. min far 8. mina svärföräldrar

2

1. son 2. mor 3. bror 4. moster 5. son 6. far (pappa) 7. morfar 8. syster 9. kusin 10. kusin 11. brorson 12. faster 13. sonson 14. farmor

3

1. honom 2. mig 3. er 4. henne 5. dig 6. oss 7. er, mig 8. dem

4

1. kl 7.30 2. kl 19.30 3. kl 7.15 4. kl 19.15 5. kl 11.10 6. kl 22.50 7. kl 21.20

5

Tåget går halv nio på förmiddagen. Vi är framme kvart över tio (på förmiddagen). Båten går tio över elva och är framme kvart i tre på eftermiddagen. Expresståget går fem minuter i fyra (på eftermiddagen) och är framme tre minuter över nio på kvällen.

6

1. badar 2. hälsa på 3. plocka 4. ta ut 5. cyklar 6. fiska 7. Hör

7

Jag är i Dalarna med familjen. Vi bor i en sommarstuga. Den har tre rum och kök. Det finns en stor sjö i närheten. Barnen fiskar där hela dagarna. De skulle gärna vilja bada, men vattnet är rätt kallt. I skogen finns det massor av (många) blåbär. Min syster Karin ska (komma ut och) hälsa på oss över helgen (över lördag-söndag). Hon skulle vilja cykla och titta på kyrkor. Hör av dig snart!

8

Jag ser 1. tre hus 2. fyra brev 3. två flaskor 4. fem bilar 5. två paket 6. sex äpplen 7. åtta frimärken 8. sju barn.

9

Sjöhistoriska m.: 10–17
Nordiska m.: 12–17, 10–16, 16–20
Postmuseum: 11–15, 11–20, 11–16
Naturhistoriska Riksm.: 10–16, 11–17
Stockholms Stadsm.: 11–17, 11–19

Lektion 6

1

1. Jag skulle vilja växla (1000) D-Mark. (Kan jag få växla...)
2. Jag skulle vilja beställa ett bord för i kväll.
3. Jag skulle vilja betala. (Kan jag få betala.)
4. Jag skulle vilja hyra en lägenhet på G.
5. Jag skulle vilja titta på kyrkan i Gamla U.
6. Jag skulle vilja fiska i sjön.
7. Jag skulle vilja delta i studiecirkeln i engelska.

2

1. sextifem 2. sjuttiåtta 3. elva 4. åttisju 5. tjugotre 6. fyrtisex 7. trettitre kronor

3

Die Auflösung hängt hier vom aktuellen Wechselkurs ab (z. B. 10 D-Mark är 45 kronor).

4

(Vorschläge:) nya bilar, svenska pengar, dyra hotell, gamla vänner, billiga stugor, svenska frimärken, stora sjöar, små barn, mogna äpplen.

5

a) december b) juli c) augusti d) december – mars e) maj f) april – oktober g) juni

6

1. fel 2. fel 3. rätt 4. fel 5. rätt 6. fel 7. rätt 8. rätt

7

							S	
							T	
			Ö	P	P	N	A	
				O			N	
		V		S	T	Ä	N	G
	H	Ä	M	T	A		A	
		C		A				
R	Ö	K						

8

1. Lås dörren när du går! 2. Mata katten (är du snäll) / Var snäll och mata katten! 3. Vattna blommorna (är du snäll) / Var snäll och vattna blommorna! 4. Städa vardagsrummet (är du snäll) / Var snäll och städa vardagsrummet! 5. Stäng fönstret (är du snäll) / Var snäll och stäng fönstret! 6. Klipp gräsmattan (är du snäll) / Var snäll och klipp gräsmattan! 7. Skriv då och då (är du snäll)! / Var snäll och skriv då och då!

9

Var snäll och 1. väck mig kl 7. 2. städa rummet. 3. koppla mig till restaurangen. 4. beställ en taxi. 5. kemtvätta min kostym. 6. växla 500 kronor.

Lektion 7

1

Margareta: blommor Birgitta: kaffe Sven: frimärken Erik: cigaretter Torsten: böcker Karin: parfym Anders: vin

2

1. 10 minuter 2. en timme 3. 30 minuter (en halvtimme) 4. 15 minuter (en kvart) 5. 5 minuter 6. 45 minuter (tre kvart) 7. 40 minuter

3

1. Hon har ingenting att förtulla.
2. Hon har en flaska vin att förtulla.
3. Han har en liter sprit att förtulla.
4. De har ingenting att förtulla.
5. De har 150 cigaretter att förtulla.
6. Han har 50 cigarrer att förtulla.
7. De har 200g röktobak att förtulla.

4

Anna Mårtenssons och Inger Lundéns dotter är på samma daghem. Inger brukar hämta barnen varje tisdag, men just idag har hon en tid hos tandläkaren och hinner inte till daghemmet i tid. Hon vill prata med Anna Mårtensson, men hon är inte hemma. Hennes man är på jobbet. Inger pratar istället med hennes syster. Hon kan hämta barnen.

5

1. stor 2. hämtar 3. ingenting 4. lite(t) 5. dyr 6. gammal 7. fort 8. stäng

6

1. hennes 2. Hennes 3. hans 4. Vår 5. deras 6. er 7. deras

7

1. c 2. f 3. d 4. b 5. a 6. h 7. g 8. e

8

1. sin 2. hans 3. Hennes 4. deras 5. sina 6. hennes 7. sin 8. Hans

9

350 cigaretter, tio flaskor rödvin, 500g tobak, 3 kilo smör, 400 cigarrer, 15 flaskor starköl

Lektion 8

1

1. till höger 2. rakt fram 3. till vänster 4. höger sida 5. i hörnet av Sjövägen och Storgatan 6. Korsa 7. tredje tvärgatan 8. vänster sida

2

A 1. Finns det något enkelrum ledigt?
B 2. Var det beställt?
A 3. Nej.
B 4. Hur länge tänker ni stanna?
A 5. Till på söndag.
B 6. Det går bra. Var vänlig och fyll i den här blanketten.
A 7. Finns det någon bensinstation i närheten?
B 8. Det finns en i hörnet av Linnégatan och Strandvägen.
A 9. Tack så mycket.
B 10. Det blir rum (305) på (andra) våningen.

3

1. den gröna kappan 2. färgen 3. den rutiga kavajen 4. den nya restaurangen 5. den röda tröjan (den gröna kappan etc.) 6. matpatrullen

4

1. kostym 2. blus 3. kjol 4. hatt 5. kappa 6. dräkt 7. slipsen

5

1. ny 2. gamla 3. nya 4. rutiga 5. randig 6. gröna 7. lilla

6

1. den andra mars 2. den fjärde mars 3. den trettonde mars 4. den elfte mars 5. den fjortonde mars 6. den sjätte mars 7. den åttonde mars 8. den sjunde mars

7

1. fjärde 2. tredje 3. andra 4. tjugoandra 5. Första 6. sjätte 7. sjunde

8

Hier kennen nur Sie die richtige Lösung! Die Feiertage können Sie mit Hilfe eines Kalenders zeitlich bestimmen.

9

Text der Hörverständnisübung

1. Vem kör och vem läser kartan?
2. Varför kan han inte svänga till vänster när han kommer till gatukorsningen?
3. Var frågar de när de inte hittar vägen?
4. Vem beskriver vägen för dem?
5. Vad heter deras hotell?
6. Var ligger hotellet?
7. Hon vill åka till höger, han vill åka till vänster. Vem har rätt?
8. Hur kommer de slutligen till hotellet?

1. Han kör och hon läser kartan.
2. Gatan är enkelriktad.
3. De frågar på en besinstation (bensinmack).
4. Det gör mackföreståndaren.
5. Det heter Nils Holgersson.
6. Det ligger i hörnet av Parkvägen och Linnégatan.
7. Han har rätt.
8. De parkerar bilen och tar en taxi.

Lektion 9

1

1. Frimärkena 2. hotellen 3. människorna 4. Kanariefåglarna 5. Krukväxterna 6. Grannarna

2

1. Tack för kortet! 2. Vi är på en ö i skärgården. 3. På fotot ser man sommarstugan. 4. Vi sitter på verandan och dricker kaffe. 5. Mannen till höger är vår granne. 6. Han är också lärare och bor i Malmö. 7. Barnen mår bra. 8. De är på stranden hela dagarna och redan solbrända. 9. Det är bara 600 meter (meters väg) till stranden.

3

A) bananer B) körsbär C) vindruvor D) päron E) Apelsinerna F) äpplena

4

a) stugorna b) Hotellen c) Båtarna d) Frimärkena e) fotona f) Flickorna g) Pojkarna h) Grannarna

5

1. någon 2. något 3. något 4. några 5. något 6. något 7. några

6

1. c 2. f 3. b 4. a 5. d 6. e

7

A. fåglarna, katterna
B. biljetterna
C. tänderna
D. en film
E. grannarna
F. byxorna
G. ett rekommenderat brev

8

1. för 2. av 3. till 4. i 5. av 6. i 7. för 8. om

9

Text der Hörverständnisübung

a. Ett ögonblick, jag ska se om hon är hemma.
b. Tack, bara bra.
c. Den går på Cinema.
d. Ja, vi har två kvar på sextonde bänk!
e. Ja, det kan vi göra. Var vänlig och hämta dem före klockan halv sju.
f. Nej, jag är inte trött än!
g. Nej, vi bor på ett annat hotell som man inte ser på fotot.
h. Den börjar klockan sju.

1. d 2. f 3. b 4. c 5. a 6. g 7. e 8. h

Lektion 10

1

1. Silverbibeln 2. Kurt Tucholskys roman
3. Selma Lagerlöfs bok ”Gösta Berlings saga”
4. Carl Larsson 5. Visby 6. Kurt Tucholsky
7. Skåne

2

1. .... ett stort universitetsbibliotek där man kan se Silverbibeln.
2. ... en kyrkogård där Kurt Tucholskys grav finns.
3. ... ett ridstall där du skulle kunna rida.
4. ... slottet där kungliga familjen bodde förr i tiden.
5. ... en semesterö där man kan cykla, bada och fiska.
6. ... vardagsrummet där vi brukar äta (...)
7. ... en liten kommun i Småland där Astrid Lindgrens bok utspelar sig.

3

1. Britta: Jag skulle vilja åka skidor.
2. Torsten: Jag skulle vilja segla.
3. Anna: Jag skulle vilja fiska.
4. Ulf: Jag skulle vilja äta (på restaurang).
5. Stefan: Jag skulle vilja bada.
6. Anders och Ulla: Vi skulle vilja resa / flyga ...
7. Gunilla och Sven: Vi skulle vilja ringa.

4

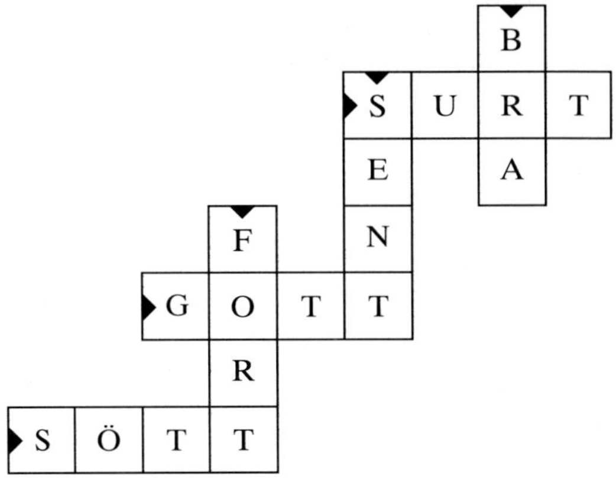

5

1. Anders 2. Lena 3. Pappa 4. Pappa 5. Pia
6. Pär 7. Sven

6

1. När går ungarna (barnen) upp?
2. Vem gör i ordning frukosten?
3. När brukar de äta middag?
4. Vad gör Krister efter middagen?
5. När brukar fru Ekblad städa?
6. Dammsuger hon varje dag?
7. Vem tar hand om tvätten?

7

1. vid halv åttatiden 2. vid åttatiden 3. Vid tiotiden 4. Vid femtiden 5. vid halv sextiden 6. Vid halv tolvtiden.

9

så här års så här dags dagligen vanligtvis

Lektion 11

1

1. d, e 2. f 3. a

2

1. 1972 gifte jag mig.
2. Sedan flyttade vi till en lägenhet i Solna.
3. Så småningom började jag samarbeta med Göran.
4. För två år sedan fick jag första pris i en fototävling.
5. Förra året gjorde vi en jorden runt-resa.
6. Som sjukvårdsbiträde slutade jag 1986.
7. På daghemmet trivdes du väldigt bra.

3

1. träffade 2. trodde 3. gifte 4. sydde 5. flyttade 6. köpte 7. råkade

4

Den 2 (andra) mars gick han på bio.
Den 3 (tredje) mars åt han på restaurang Vasa.
Den 4 (fjärde) mars flög han till Danmark.
Den 6 (sjätte) mars kom han tillbaka.
Den 7 (sjunde) mars fick han ett bra jobb på Skanska.
Den 8 (åttonde) april gifte han sig.
Den 10 (tionde) april tog han semester.

5

1. Hon bor i Sjötorp, på (vid) Kyrkvägen 33.
2. På tredje våningen (tre trappor upp).
3. Hon har postnumret 540 66.
4. Hon skrev brevet den femtonde juni.
5. 3 rum och kök, svar till Maria Johansson, 1900 kronor i veckan, 15 kvadratmeter respektive 12 kvadratmeter

6

1. 400 meters 2. tio meters 3. fem minuters 4. två liters 5. två kilometers 6. 50 kilos

7

1. bostadsförmedlingen 2. kontaktförmedlingen 3. rumsförmedlingen 4. arbetsförmedlingen 5. Televerket 6. en (kredit)bank

8

1. var 2. såg 3. hette 4. låg 5. stod 6. fanns

9

Text der Hörverständnisübung

1. Den har fyra rum.
2. Två rum är på 15 m^2, två på 12 m^2.
3. Jag det finns det. Dessutom finns det öppen spis.
4. Det är ca 10 minuters väg med cykel.
5. Nej, det behöver man inte ta med sig.
6. Den är 2 800 kronor i veckan.
7. Ja, det finns det. Ni kanske vill titta på den tyska filmen i kväll?
8. Det ska ni göra ungefär två veckor innan ni kommer.

a) 4 b) 6 c) 3 d) 8 e) 5 f) 7 g) 2 h) 1

Lektion 12

1

A: Goddag och välkomna! Var det beställt?
B: Jag ringde i morse. Mitt namn är Ek.
A: Just det. Det är fönsterbordet där borta!

B: Kan jag få se på matsedeln?
C: Varsågod!
B: Jag tar älgstek med champinjonsås.
C: Någonting att dricka?
B: En karaff rödvin, tack!

B: Jag skulle vilja betala.
C: Det blir 350 kronor, tack.
B: Det är jämnt!
C: Tack, och välkomna åter!

2

Die Bedienung hat sich um 100 Kronen verrechnet.

3

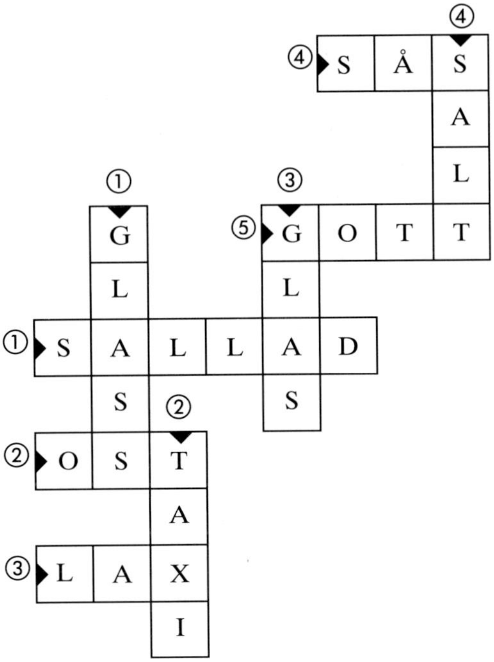

4

Hej! (Goddag!) jag skulle vilja beställa ett fönsterbord till i kväll klockan sju. (Kan jag få beställa ett bord till i kväll klockan sju.) Vi är fem personer. Vi skulle vilja ha ett fönsterbord.

Kan ni rekommendera någon genuin svensk maträtt?

Det fattas en gaffel! Köttet är lite segt.

Jag tänkte bjuda er. (Jag skulle vilja bjuda er.)

Det är jämnt!

5

1. en fiskrätt 2. en kötträtt 3. fågel 4. skaldjur 5. fågel 6. en grönsaksrätt 7. vilt

6

1. borta 2. inne 3. upp 4. bort 5. ute 6. uppe 7. in 8. ut

7

1. en räkcocktail 2. en karaff vin 3. en kopp kaffe 4. en portion vaniljglass 5. en osttallrik 6. en matsedel 7. ett glas apelsinjuice

8

1. i morse 2. i morgon bitti 3. i går morse 4. i morgon 5. i kväll 6. i går kväll 7. i övermorgon 8. i förrgår

9

Zuviel sind: Ostfrästa jordärtskockor, Hälleflundra, Älgstek.

Lektion 13

1

Im Lektionstext 1 und auf S. 80 des Lehrbuches finden Sie eine Auswahl von Gegenständen, die in Frage kommen. Es liegt im übrigen ganz an Ihnen, wie Sie Ihre schwedische Küche einrichten wollen.

2

1. b 2. d 3. c 4. f 5. g 6. a 7. e

3

1. Man skivar den och fräser den guldgul.
2. Ett par matskedar.
3. Man mosar den.
4. Man arbetar samman dem till en jämn färs.
5. Salt och vitpeppar.
6. Man formar den till runda bollar.
7. T. ex. skalpotatis och grönsallad.

4

1. matsked 2. tesked 3. deciliter 4. gram 5. kilogram 6. liter

5

1. ett gående bord 2. ett knytkalas 3. en restaurang med bordsservering 4. en restaurang med

självservering 5. en middag i hemmet 6. en kafeteria

6

1. trevligt 2. guldgul 3. runda 4. vackert 5. lagom 6. stekt 7. jämn

7

1. rostat 2. färdiglagad 3. brynt 4. vidbränd 5. beställt 6. obebodd 7. obebott 8. skräddarsydd

8

1. skalade 2. skivade 3. strimlade, frästa 4. lättbrynta 5. mosade 6. färdigstekta

9

1. kött 2. ost 3. fisk 4. frukt 5. grönsaker 6. mjölk 7. potatisar 8. mjöl eller makaroner 9. bröd 10. matfett

Lektion 14

1

1. Familjen kan inte enas om ett program som passar alla.
2. Mamma avskyr sportprogram.
3. Hon tycker att de är trista.
4. Han är trött på deckare.
5. Pappa vill se Aktuellt och dagens sportprogram.
6. Det är Maria som avstår.
7. De enas om att se en svensk långfilm.

2

1. om 2. i 3. efter 4. på 5. av 6. på 7. för

4

1. Frimärket saknas! 2. Jag trivs här. 3. Det minns jag inte. 4. Det hoppas jag! 5. Hon lyckas alltid! 6. Vattnas det redan i munnen? 7. Han låtsas bara!

5

1. f 2. d 3. a 4. e 5. g 6. b 7. c

6

1. ... som jag intresserar mig för.
2. ... som boken handlar om?
3. ... som alla pratar om.
4. ... som mamma väntar på.
5. ... som han brevväxlar med?
6. ... som alla lånar pengar av?
7. ... som vi bodde på.

7

1. Den heter Ormens väg på hälleberget.
2. Den är från 1986.
3. Regissören heter Bo Widerberg.
4. Torgny Lindgren.
5. Den utspelar sig i Västerbottens skogar.
6. Den utspelar sig på 1860-talet.
7. Ja, den har svensk text.

8

Text der Hörverständnisübung

TV 2:

Bit för Bit heter ett program där vi följer med till datorernas värld. Programledaren är till hälften människa och till hälften robot.
Vår resa till teknikens och fantasins gränser börjar **kl 17.30.**

Magister Flykt heter en tecknad serie av Olof Landström och Peter Cohen. Den börjar **kl 18.00**.

Landet runt – under denna rubrik presenterar Lars-Thure Ljungdahl ett axplock ur de regionala nyhetssändningarna. **Klockan 18.15** i samma kanal.

Lilla sportspegeln börjar som vanligt **18.45**.

Rapport med väder: 19.30.

Mitt i naturen heter ett program med Lena Liljeborg och Jan Danielsson som sänds **kl 20.00**.

Femettan: Den nya tävlingsronden följer **kl 21.00**.

Motpolare presenterar idag Göran Söllscher och Janne Schaffer. Motpolare är som vanligt Lars Tilling. Pogrammet börjar **21.35**.

Dirigentens återkomst handlar om Göteborgssymfonikern Neeme Järvi som efter nio år som persona non grata fick tillbaka sina medborgerliga rättigheter. Hans återkomst till sitt forna hemland blev inte bara en musikalisk succé, det liknade mer ett statsbesök. **Klockan 22.05** börjar det, och det är dagens sista programpunkt.

a) Magister Flykt b) Bit för bit c) Dirigentens återkomst d) Lilla sportspegeln

Lektion 15

1

Hier sind verschiedene Lösungen denkbar. Vergleichen Sie das, was Sie geschrieben haben, noch einmal mit dem Text des Lehrbuchs.
(Vorschläge): 1. gå till Mister Minit. 2. köpa frimärken. 3. handla parfym. 4. köpa en tidning. 5. bjuda dina närmaste vänner också. 6. titta på den gamla träkyrka som finns där. 7. besöka Selma Lagerlöfs barndomshem Mårbacka.

2

A. en bok av Selma Lagerlöf B. byxorna C. en trasmatta D. ett såll E. en målning F. en kokbok G. ett slagbord.

3

1. lönande 2. gamla goda 3. gammal 4. välbehållen 5. söta 6. rutiga 7. hjärtligt

4

Orientieren Sie sich am Text 2 im Lehrbuch!

5

A. Jag har gått på bio. B. Jag har läst (köpt) Gösta Berlings saga. C. skrivit ett brev. D. gått på restaurang. E. ringt till Inger. F. spelat tennis G. hälsat på tant Märta.

6

solglasögon, en nyckelknippa, rabattkuponger, en penna, en cigarettändare, en portmonnä, ett körkort, ett ID-kort.

7

○ Varuhusets hittegodsavdelning.
■ Hej! Det här är (Inger Bolin). Jag har glömt kvar min axelväska på varuhuset.
○ En axelväska? På vilken avdelning?
■ Det minns jag inte.
○ Vad köpte du där?
■ Jag köpte en docka.
○ Då var det kanske på avdelningen för leksaker. När handlade du på varuhuset?
■ I går på förmiddagen mellan klockan elva och tolv.
○ Hur ser väskan ut?
■ Den är grön.
○ Ja, vi har en sådan väska här. Kan du komma och titta på den?
■ När har hittegodsavdelningen öppet?
○ Den har öppet mellan klockan tio och sexton.

8

A. Han stiger på tunnelbanan. B. Han stiger (går) av tunnelbanan. C. Han stiger ur bilen. D. Han stiger in i bilen. E. Han stiger (går) av bussen. F. Hon stiger på bussen. G. Han stiger in. H. Han stiger (går) upp.

9

Text der Hörverständnisübung

1. Vad kallar man en marknad där också du och jag kan sälja varor?
2. Var i Stockholm finns en sådan marknad?
3. Brukar man sälja <u>nya</u> saker där?
4. Vilka exempel ger de i annonsen?
5. Är det dyrt att handla på loppmarknaden?
6. Vad kan man också göra i Skärholmen?

1. Man kallar den loppmarknad. 2. I Skärholmen. 3. Nej, man säljer saker från den gamla goda tiden. 4. En skrivmaskin, en lampskärm, ett bord, en trasmatta, en vas. 5. Nej, billigare än här kan det inte bli. 6. Man kan också handla i Skärholmens köpcentrum.

Lektion 16

1

1. i 2. med 3. om 4. på 5. till 6. i 7. av 8. av

2

1. mindre 2. dyrare 3. fler 4. jäktigare 5. närmare 6. farligare 7. sämre

3

1. I Madrid är det 11 grader varmare än i Stockholm.
2. I Stockholm är det 14 grader kallare än i Madrid.
3. Stolen till höger är dyrare.
4. Patrik är 8 år äldre än Susann, Kristina är 4 år äldre än Patrik. (Susann är 8 år yngre än Patrik, 12 år yngre än Kristina.)
5. Montblanc är 2489 meter högre än Kebnekajse.
6. Dalälven är 45 km längre än Torne Älv.
7. Vänern är 3673 km^2 (kvadratkilometer) större än Vättern.

4

1. C 2. D 3. A 4. E 5. G 6. B 7. F

5

1. A/E 2. B/D 3. C
På dagen kör du med halvljus.

6

1. Hon kan ta hand om Patrik. 2. Jag måste arbeta. 3. Hon får inte röka. 4. Jag vill inte träffa honom. 5. Jag kan inte förstå honom. 6. Jag ska hälsa från Pär. 7. Du behöver inte städa idag. 8. Du får inte störa honom.

7

1. Jag skulle just duscha när telefonen ringde. Det var Lars.
2. Jag kunde inte förstå vad Lars sade. – Varför talar du inte högre? frågade jag.
3. Lars sade att han inte fick tala högre. Eva var trött och ville sova. Hon måste (var tvungen att) gå upp tidigt nästa dag.
4. Jag frågade honom om vi kunde träffas på NK och äta lunch där.
5. Men han sade att han inte fick vara borta från jobbet så länge.
6. Jag ville inte stå och prata i timmar och frågade om jag kunde ringa honom på jobbet istället.
7. Han sade att det var mycket viktigt och att han ville prata med mig nu.

8

a) ■ Jag vill ha en mindre bil! Den är lättare att manövrera.
○ Ja, men den här har ett stort bagageutrymme.
■ Stora bilar drar mycket bensin!
○ Nej, de nya bilarna är mycket bensinsnåla!

b) ▲ Finns det någon bensinstation (-mack) i närheten?
□ Ja, det finns en på Sveavägen.

c) ▷ Kan jag använda mitt (tyska) körkort när jag kör bil i Sverige?
▶ Ja, det kan du. (...)

d) ● Du glömmer väl inte halvljuset! Annars riskerar du böter.
□ Det ska *du* säga som har glömt bilbältet!

9

Text der Hörverständnisübung

I Sverige kör vi om bara där det är tillåtet.
Omkörning är förbjuden i t. ex. kurvor, före backkrön och på andra platser där sikten är skymd eller där vägmärke anger omkörningsförbud.
Dessutom får ni inte köra om eller förbi andra fordon strax före eller på ett övergångställe för gående.

I Sverige dricker vi alkohol, men aldrig i samband med bilkörning.
Sverige har strängare krav än andra länder ifråga om trafiknykterhet. En blodalkoholhalt av 0,2 promille medför straff. Tänk på att ett par öl kan räcka för att ni skall komma upp i 0,2 promille. Lägg också märke till att sedan den 1 januari 1977 tar polisen rutinmässiga alkoholutandningsprov när de stoppar bilförare. Sådana prov tar man alltså även när man inte misstänker trafikonykterhet.

	rätt	fel
1.	☒	☐
2.	☒	☐
3.	☐	☒
4.	☒	☐
5.	☒	☐
6.	☐	☒
7.	☒	☐
8.	☐	☒

Lektion 17

1

			M				P				
K	U	L	I	N	A	R	I	S	K		
			L				T			F	
			T		G	U	T	E	M	Å	L
							O			R	
			B	I	S	A	R	R			
							E				
					R	O	S	O	R		
							K				

2

Jag heter … Jag har fått adressen och telefonnumret genom turistbyrån. Vi skulle vilja hyra två rum. Vi är fyra personer, två vuxna och två barn. Vi kommer att stanna till på fredag. Vad är hyran? Är hyran inklusive frukost? Går det bussar dit ut? Hur långt är det till närmaste havsbad?

3

1. tillhörde staden Hansan.
2. är bevarad.
3. av korsvirkeshus.
4. av små trädgårdstäppor.
5. utan också berömt för sina kulinariska specialiteter.
6. språket.
7. bisarra klippblock

4

1. Det cyklas mycket på ön. 2. Det sägs att Gotland är mycket vackert. 3. Korsvirkeshusen inramas av trädgårdstäppor. 4. Villan hyrs av en gammal dam från Stockholm. 5. Varan betalas i kassan. 6. Hotellrummen städas mellan klockan tio och tolv. 7. Den här tidningen läses av många.

5

1. utanför ringmuren
2. innanför ringmuren
3. ovanför stan
4. nedanför slottet
5. nerför en trappa
6. uppför trappan

6

1. b 2. f 3. d 4. a 5. c 6. b

7

1. B 2. D 3. C 4. E 5. A

8

1–5 siehe Nr. 13 im Lehrbuch, 6. I lördags blev jag hämtad av mina vänner.

9

Råbocka Familjecamping är en bra kompromiss.

Lektion 18

1

a)
1. Tack för inbjudan! (Ett hjärtligt tack för inbjudan.) Vi är hemskt ledsna, men vår dotter (flicka) är sjuk och vi kan inte gå ifrån henne. Kanske vi kan träffas en annan gång? 2. Vi ska få besök från Tyskland. 3. Vi ska åka på semester i morgon. 4. Vi är redan bortbjudna.

b)
1. Det ska bli roligt att träffas.
2. Jag är mycket nyfiken på er nya lägenhet.
3. Jag har redan övertalat min man (min fru) att ta ledigt.

2

1 2 5 6 7 9

3

1. Han är en tjockis. 2. Han är en fegis. 3. Han är en kändis. 4. Han är en kompis. 5. ett dagis 6. ett kondis

4

1. charterresa 2. Flygplatsen, motorväg 3. bagaget 4. övervikt 5. boardingkortet 6. passkontrollen 7. planet

5

1. är vi bortbjudna till Freds avdelningschef.
2. motorväg (mellan Stockholm och Arlanda).
3. kan det vara bra att ha någonting varmt att sätta på sig.
4. klarar de sig.
5. han är genast på bättre humör när de hälsas välkomna av en flygvärdinna.
6. när det blåser så här.

6

Olle presenterar sig, Lars rakar sig, Patrik klipper sig, Ina och Olle gifter sig, Leif lär sig engelska, Filmen ”Alla vi barn i Bullerby” utspelar sig i Vimmerby, Ulf förbereder sig.

7

Det är inte **kul**!
Jag **känner för** att spela!
Att rida är **toppen**!
Jag tycker det är **trist**!
Jätteroligt! / Läckert!

8

1. till 2. på 3. före 4. på 5. upp 6. I 7. på 8. på

9

Text der Hörverständnisübung

- Ursäkta, var finns det lampor?
- Jag skulle vilja handla leksaker. Var finns de?
- Var har ni klockor?
- Vi skulle vilja handla porslin. Var hittar jag det?
- Ursäkta, var finns det böcker?
- Kan du säga var man kan köpa damkläder?
- Vi behöver några suvenirer. Var finns de?

gatuplanet	våning 1 tr	våning 2 tr	vån 3 tr	vån 4 tr
klockor böcker	damkläder	leksaker	lampor suvenirer	porslin

Lektion 19

1

a – c – e – g – h – i – j – l

2

gick skulle blev hade var kom körde blev satt fick drack

3

1. e 2. d 3. a 4. b 5. c 6. f

4

1. Midsommar 2. Påsk 3. Valborgsmässoafton 4. Kräftpremiär 5. Lucia 6. Jul

5

1. b 2. a 3. d 4. h 5. j 6. g 7. i 8. f 9. c 10. e

6

1. vem som 2. vem 3. vem 4. vad 5. vad som 6. vad 7. vad som

7

1. Vem ska vara jultomte i år?
2. Vad gjorde Krister på midsommardagen?
3. Vem lussade för pappa och mamma?
4. Vem tänker hon gifta sig med?
5. Vad tänker ni göra på annandagen?
6. Vem har hon dansat med?
7. Vad intresserar honom mest?
8. Vad står (det) på era julklappar?

8

SÖKANDE

Efternam, samtliga förnamn (tilltlalsnamnet understruket)				Personnummer (år, mån, dag, nr)	
Jensen, Aage				600424-2378	
Bostadsadress	Postnummer	Postadress	Telefon bostaden (även riktnr)	Medborgare	Bosatt i Sverige sedan (om utländsk)
Kungsholmsgatan 33	113 21	Stockholm	711 28 64	☐ Svensk ☒ Nordisk ☐ Övrig	19 85
Civilstånd ☐ Ogift ☐ Änka/Änkling ☒ Gift ☐ Frånsklid ☐ Sammanboende	Våmplikt ☐ Fullgjord ☐ Ej fullgjord ☒ Frikallad				
Arbetsgivares (eller egen röreises) namn, adress, telefon		Yrke/sysselsättning	Anställd	sedan (år, mån)	Årsinkomst
ASEA Installation AB Malmvägen 143 tel. 1 92 06 30		elektriker	☒ Fast ☐ Tillfälligt ☐ Egen röreise	1988/05	225 000

9

1. Nej, den ger oss också många skyldigheter.
2. Man ska visa omdöme och respektera markägarna.
3. På turistbyrån.
4. Den kallas sällsynt.
5. Nej.
6. Nej. Blåsippan t. ex. är förhållandevis vanlig i stockholmstrakten, ändå är den fridlyst också där.

Lektion 20

1

1. cykelsemestern 2. vildmarkssemestern 3. den aktiva semestern 4. fiskesemestern 5. storstadssemestern 6. vandringssemestern

2

positiv: Jag älskar...; Jag känner för...; Jag tycker om...
negativ: Jag kan inte med...; Min fru är trött på...; Jag avskyr...

3

1. sådan (sån) 2. sådan (sån) 3. sådana (såna) 4. sådant (sånt) 5. sådan (sån) 6. sådant (sånt) 7. sådana (såna)

4

1. Den som vill lära sig språket...
2. Det som passar dem bäst...
3. Den som vill vara nära naturen...
4. Det som de uppskattar mest...
5. som
6. något som
7. något som
8. som

5

1. Ett rån förövades... 2. Postrånaren doldes av en påse. 3. Ett skott avlossades... 4. Glasrutan träffades av skottet. 5. Bilen hittades senare... 6. Den aktiva semestern uppskattas av våra kunder. 7. Sverige upptäcks...

6

I morse kl 9 förövades ett rån mot ett varuhus i Malmö. En man som var utklädd till jultomte och beväpnad med en leksakspistol gick till livsmedelsavdelningen och tog (rafsade åt sig) 20 kilo sötsaker och 100 chokladkakor. Ute på gatan väntade en släde, förspänd med renar. Släden hittades senare i en park.

7

1. ett postkontor 2. en papperspåse över huvudet 3. en glasruta 4. rafsade han åt sig 5. kumpan 6. i torsdags kväll

8

1. in på apoteket 2. in i affären (butiken) 3. upp i tornet 4. ut i skogen 5. upp till slottet 6. in till doktor Ek 7. in på restaurangen

9

Text der Hörverständnisübung

1. Hur många invånarna hade Stockholm i början av 1900-talet?
2. Hur många av stockholmarna arbetar inom den offentliga sektorn?
3. Var arbetar de flesta?
4. Hur många bor i villa eller radhus?
5. Hur många personbilar fanns 1950?
6. Hur många är det idag?
7. Vad finns det förutom T-bana och pendeltåg?

1. Det hade 313 000 invånare. 2. 40% (procent). 3. De flesta arbetar på sjukhus och inom socialvården. 4. En av tio. 5. Närmare 19 000. 6. Idag är det tio gånger så många. 7. Det finns 60 busslinjer.

Lektion 21

1

1. Det blir **expresståg**.
2. **norr**ut
3. Det blir **tågbyte i Sala**.
4. De är framme **på eftermiddagen**.
5. Fru Stenman köper två biljetter **tur och retur**.
6. Det krävs **plats**biljett.
7. Hon tar **icke**-rökare.
8. Medan hon köper biljetterna **polletterar hennes man bagaget**.

2

Jag skulle vilja åka med expresståget till Göteborg. Måste jag byta? När är man framme? Finns det rabatt? Kan jag åka tillbaka på en lördag? Vad kostar en biljett tur och retur? Behöver man platsbiljett? Från vilken perrong går tåget? Var kan man pollettera bagaget?

3

A. flyg B. bil C. båt D. tåg E. turistbuss F. cykel G. taxi H. tunnelbana eller buss

4

1. sjungande 2. lysande 3. gående 4. närvarande 5. skrattande 6. sammanboende 7. Resande 8. meddelande

5

1. på vinden 2. i källarvåningen 3. på bottenvåningen 4. på taket 5. I tvättstugan 6. sitt arbetsrum

6

1. I Pelles rum är det ganska stökigt. 2. Det tar tid att hinna ner från vinden. 3. Eva röjer uppe på vinden. 4. Hon törs inte kasta någonting. 5. Det ska målas och tapetseras. 6. Pelles rum blir mycket större. 7. De flyttar till ett radhus i Bagarmossen.

7

1. Varannan 2. var 3. Vart fjärde 4. Varje 5. vartannat 6. varje 7. Varje

8

1. besiktning
2. Ja.
3. De blir fastighetsägarens egendom.
4. Dem kan man ta med.
5. Ja.
6. Ja.

Lektion 22

1

1. modersmål 2. stenografi 3. bild 4. matematik 5. gymnastik (Betonung auf der letzten Silbe!) 6. maskinskrivning 7. matlagning

2

A) linjal B) tång C) hammare D) skiftnyckel E) trä F) metall G) glas H) papper

3

1. g 2. c 3. b 4. d 5. a 6. h 7. e 8. i 9. f

4

1. Vindrutan 2. Backljuset 3. punktering 4. Vindrutetorkaren 5. bilnyckeln 6. blinkern 7. halvljuset (strålkastaren)

5

Bitte vergleichen Sie das Ergebnis mit dem Lehrbuch S. 126, Nr. 5!

6

Vergleichen Sie das Ergebnis mit Text 6 im Lehrbuch.

7

1. på ort och ställe
2. var du än befinner dig
3. i jämnhöjd
4. mittemot
5. bakom
6. söder
7. någonstans

8

1. Kyrkan ligger snettemot motellet.
2. Arlanda ligger norr om Stockholm.
3. Parkeringsplatsen är bakom skolan.
4. Pelle sitter framför Kristina.
5. Apoteket är mellan kyrkan och varuhuset.
6. Bensinstationen ligger vid E4:n.
7. Planet är över Stockholm.

9

Text der Hörverständnisübung

Låt bli alkohol när du kör bil!

I vårt land har vi en mycket sträng trafiklagstiftning. Denna gör att polisen har rätt att kontrollera blodalkoholhalten. Redan mycket små mängder alkohol påverkar körförmågan. Är blodalkoholhalten 0,2 promille eller högre medför det alltid straff – höga böter eller fängelse. Dessutom kan körkortet dras in. Vår rekommendation är: Låt bli alkohol i samband med bilkörning. Tänk också på att du kan ha alkohol kvar i kroppen även dagen efter.

1. sträng 2. rätt 3. redan små 4. alltid 5. Körkortet 6. att låta bli alkohol 7. i kroppen

Lektion 23

1

1. badbyxorna, baddräkten 2. skidorna, en ylletröja 3. Vi går sommarklädda. 4. regnrocken 5. paraplyet 6. vindjackan

2

1. beställt en taxi 2. Hon hade nämligen lärt sig… 3. De hade nämligen vaccinerats… 4. Hon hade nämligen läst… 5. Åke hade nämligen köpt… 6. Vi hade nämligen glömt… 7. Vi hade nämligen bett grannarna…

3

(Vorschläge:)
1. diskade vi, sov vi middag. 2. reste vi till Sverige. 3. duschade jag, läste jag tidningen. 4. flyttade vi till (Malmö). 5. gjorde vi en utflykt. 6. semestrade han på (Sicilien). 7. köpte hon en diskmaskin.

4

1. på 2. på 3. i 4. över 5. på (om) 6. på 7. om, i 8. i 9. om

5

miljövänligt:
1. att lämna tillbaka burkarna
5. att plantera träd (en skog)
8. att isolera huset

inte miljövänligt:
2. att låta rinna varmvattnet i onödan
3. att kasta tomflaskorna
4. att fimpa cigaretten in en sjö
6. att använda hårspray med freon i
7. att göra upp eld på en stenhäll

6

1. Brännaren bör bytas ut. 2. Stora besparingar kan göras... 3. Mycket värme kan sparas... 4. Fönster och dörrar måste tätas. 5. Varmvattnet stängs av... 6. Tomflaskorna ska lämnas tillbaka. 7. På så sätt vårdas miljön.

7

1. Der erste Teil des Gesprächs kann auf verschiedene Weise verlaufen. Vergleichen Sie auch mit Text 3 im Lehrbuch.
2. (Grannen:) Jag har stängt av varmvattnet och tätat fönstren och dörrarna. (Stockholmaren:) Det är bra. Jag ska komma ut (på fredag vid 8-tiden). Kan du gå in och elda, vädra och sätta termostaten på 20 grader?

8

1. mulna 2. varnat 3. blåste 4. lita 5. ökade 6. elda 7. avbryta

9

Text der Hörverständnisübung

1. Hur var vädret förra pingsten?
2. Stannade de till efter pingsten?
3. Varför inte?
4. Finns det ibland skillnader mellan vädret i skärgården och vädret i Stockholm?
5. Vad gjorde de för att vara på den säkra sidan?
6. Vad sa grannen om vädret i skärgården?
7. Vad gjorde grannen för att de inte skulle behöva frysa när de kom?
8. Var jobbar pappan?

1. Det var mycket varmt. 2. Nej, det gjorde de inte. 3. Dagen därpå var det mycket blåsigt och kyligt. 4. Ja, det kan t. ex. vara vackert väder i skärgården och regna i Stockholm. 5. De ringde grannarna. 6. Det var fortfarande varmt, men rätt kyligt om nätterna. 7. Han gick in och eldade. 8. Han jobbar på en tidning.

Lektion 24

1

Han ordinerar 1, 3, 5. Han sjukskriver patienten, tar sänkan och röntgar honom.

2

1. mottagning 2. besvär 3. svetsare 4. magen 5. besked 6. buller 7. motion

3

Patienten har smärtor i magen, mest efter större måltider. De försvinner efter ett tag. Han mår inte illa. Patienten röker ca 5 cigaretter om dagen och dricker ibland alkohol på bjudningar, men bara obetydliga mängder. Han är gift sedan 10 år tillbaka och har ett barn. Till yrket är han svetsare, man han trivs inte med jobbet. Det är mycket buller där och han har ibland trassel med chefen. Han funderar på omskolning (att omskola sig).

4

Jag har ont 1. i huvudet 2. i halsen 3. i armen 4. i foten 5. i benet 6. i magen 7. i örat.

5

1. mun 2. näsa 3. öron 4. ögon 5. hjärtat 6. pekfingret 7. tungan

6

1. Vad för slags besvär har du? (Vad har du för slags besvär?)
2. Vad för slags rådgivning gäller det?

3. Vad för slags romaner läser du?
4- Vad för slags bil har du?
5. Vad för slags blommor gillar hon?
6. Vad för slags semester hade ni tänkt er?
7. Vad för slags väska var det?

7

1. e 2. b 3. f 4. g 5. d 6. a 7. c

8

Unser Vorschlag: 1, 3, 4, 5, 9, 13

9

Text der Hörverständnisübung

Turridning på islandshäst
Bokning
0750-405 45 (direkt till Häringe turridning) eller genom Stockholm Information Service i Sverigehuset.
Priset
Heldagstur 500 kronor, halvdagstur 300 kronor, tretimmarstur 225 kronor. I samtliga turer ingår utflyktsmat.
Öppettider
Året runt.
Färdväg
Med bil: väg 73 mot Nynäshamn.
Med kommunalt färdmedel: pendeltåg från Stockholms central mot Nynäshamn, avstigning i Västerhaninge samt buss 847/849 till hållplats Häringe Grindar, 800 meter promenad sista biten.

Lektion 25

1

1. på en uteservering. 2. att det fortfarande var mycket varmt ute. 3. mest längdåkning. 4. din idrottsförening. 5. kring sekelskiftet. 6. mycket lyhörda. 7. vetter åt gatan.

2

1. orkade 2. råkade 3. hann 4. brukade 5. låtsades 6. slapp 7. lyckades 8. slutade

3

1. simning 2. bordtennis 3. segling 4. skidåkning 5. ridning 6. cykling 7. fotboll

4

1. Brukar du åka skidor över helgen (lördag – söndag?)
2. Är längdåkning mycket populärt?
3. Har du varit i Åre någon gång?
4. Känner du till Garmisch-Partenkirchen?
5. Vad är din favoritsport?
6. Hur många timmar i veckan utövar du den?
7. Hinner du läsa böcker och gå på teatern?
8. Är du med i någon idrottsförening? / Är du medlem i någon i.?

5

1. Hur länge har ni varit gifta? 2. känt varandra? 3. haft lägenheten i Solna? 4. varit medlem i idrottsföreningen? 5. hållit på med engelska (...)? 6. väntat på brevet? 7. letat efter en större lägenhet?

6

Fred tittade på en fotbollsmatch på TV när hans fru kom in och bad honom kila ner till affären åt henne. Han ville inte missa matchen och sprang därför så fort som möjligt. Han var tillbaka på nolltid (efter några sekunder). Hans fru gratulerade honom till att han hade slagit 300-meters-rekordet.

7

intressen: dans, fiske etc.
utseende: blond, mullig etc.
personliga egenskaper: musikintresserad, sparsam etc.
önskemål: söker välvårdad mans bekantskap, längtar efter en attraktiv, barnkär livskamrat etc.

8

1. mörkblå 2. slutar 3. kom ihåg 4. alltid 5. omväxlande 6. utomhus 7. tycker om (älskar) 8. ung 9. lätt

9

Text der Hörverständnisübung

Stadsrundtur: Lär känna Stockholm på 1,5 timma!

Den här guidade turen tar Er med genom Stockholms mest intressanta delar. Vi åker via Strandvägen och Djurgården till Kaknästornet, Skandinaviens högsta byggnad (155 m), där vi tar hissen upp för att med guidens hjälp orientera oss över staden. Färden fortsätter längs Stockholms vatten genom Gamla Stan och till det moderna City. Guiden berättar om sevärdheterna vi passerar, och samtidigt får Ni tips om vad man kan se och göra på egen hand.

Dagligen 2 oktober – 11 mai (ej 23 december – 1 januari) kl. 11.00 från SVERIGEHUSET.

Lektion 26

1

1. jag ringer med anledning av ....
2. Har du någon tidigare yrkeserfarenhet?
3. Kan man tänka sig flextid också?
4. Hur är det med lönen?
5. När vill ni att jag skickar in mina ansökningshandlingar? (När ska jag skicka in...)

2

Det skulle **vi** skriva: trevlig, välvårdad, tillförlitlig, har språkkunskaper, är kreativ, är bra att samarbeta med, har stor yrkeserfarenhet, är ärlig, har ett fördelaktigt utseende (när man jobbar på TV t. ex.)

Det skulle vi inte skriva: mullig, blyg, röker och tar ett glas vin ibland, är pratsam, charmant, musikintresserad.

3

1. d 2. g 3. e 4. c 5. f 6. a 7. b

4

1. g 2. d 3. e 4. f 5. b 6. c 7. a

5

1. Hon är kontorist på ASEA. 2. Hennes arbete är omväxlande och stimulerande. 3. Arbetskamraterna är bra att samarbeta med. 4. Hon är fackansluten. 5. Göran är kommunalanställd busschaufför. 6. Han kör nattetid också. 7. Han får tillägg för obekväm arbetstid och har råd med det ena och det andra. 8. Stefan skriver romaner, noveller och dikter.

6

1. anledning 2. ansökan 3. ansökningshandlingarna 4. arbetsmiljö 5. tillägg 6. intryck 7. permitteringar

7

1. Han kommer aldrig före klockan tio.
   Jag vet att han aldrig kommer före kl 10.
2. Han är inte längre på Sveriges Radio.
   Jag vet att han inte längre är på Sveriges Radio.
3. Vi kan inte tala svenska.
   De tror att vi inte kan tala svenska.
4. De är sällan i Finland.
   Det sägs att de sällan är i Finland.
5. Hon är aldrig hemma på kvällarna.
   Hennes mamma säger att hon aldrig är hemma på kvällarna.

8

Text der Hörverständnisübung

Vilket är ditt drömjobb?

Camilla Regin, 18 år

– Till hösten tar jag körkort. Det öppnar dörrarna till många intressanta jobb. Jag tror nämligen att jag kommer att gilla att köra bil, och jag vill gärna ha det som yrke medan jag är ung. Helst skulle jag vilja köra långtradare i trafik till kontinenten. Men då måste jag först ha trafikkort.

Stefan Holm, 25 år

– Jag har ett fritt säsongjobb som asfaltarbetare. Det är helt OK. Men jag skulle helst vilja jobba hos SKANSKA med samma uppgifter. Inom det företaget finns det möjligheter till att arbeta utomlands. Och vem är inte lockad av sådant?

1. till **hösten** 2. Rätt 3. långtradare i trafik till **kontinenten** 4. Hon är **18 år**. 5. Han är **äldre** än hon. 6. Rätt 7. Det finns möjligheter till att arbeta **utomlands.**

Lektion 27

1

1. f 2. d 3. b 4. e 5. a 6. g 7. c

2

1. Med en kvällstidning kan du informera dig snabbt om det som är aktuellt för dagen. 2. Där får du mera bakgrundsinformation, den går mera på djupet. 3. När du vill veta mer om nyutkomna böcker, utställningar och andra kulturevenemang kan understräckaren hjälpa dig. 4. Det är underhållande, och så kan du koppla av också. 5. Den kommenterar politiska händelser och hjälper dig att förstå dem. 6. När man söker en lägenhet eller en plats kan det vara bra att läsa annonssidorna.

3

1. en objuden gäst 2. en sjukskriven patient 3. ett urdrucket glas 4. en nyutkommen bok 5. en annons om en bortsprungen hund 6. ett felskrivet ord 7. is är fruset vatten.

4

1. Tonåring försvunnen 2. Två attentatsmän skjutna 3. Bank rånad mitt i stan 4. Vapen och smycken funna i vikingagrav 5. Polisbil stulen i Solna 6. Rånarna gripna i Märsta 7. Två miljoner glömda på tunnelbanan.

5

1. Ett vårtecken 2. en biltelefon 3. en kvällstidning 4. en bakgrundsinformation 5. en familjemedlem 6. en vikingagrav 7. en gatukorsning 8. (en) hälsovård.

6

1. Lärkans ankomst 2. Björkens lövsprickning 3. Svalans ankomst 4. Gökens ankomst

7

1. lärkan 2. Svalan 3. göken 4. Lövsprickningen 5. Höslåttern 6. insekterna 7. djuren

8

1. Jag har prenumererat på en svensk dagstidning.
2. Jag tycker om att läsa ledaren och följetongen,
3. men jag är också intresserad av vårtecknen.
4. Svenskarna är experter på vårtecken och rapporterar sina iakttagelser till tidningarna, långt innan utlänningarna märker någonting. 5. Tidningarna rapporterar t. ex. om svalans och gökens ankomst.
6. Jag tror att de långa och mörka vintrarna är orsaken till att svenskarna känner till så många vårtecken.

9

Text der Hörverständnisübung

Globen har landat

Likt ett flaggskepp från någon fjärran planet har den vita, klotrunda skapelsen slagit ner någonstans bortom Skanstullsbron i trakten av Söderstadion. Man bara väntar sig att taket öppnas och främmande varelser börjar krypa ut.

Globen är världens största klotformade byggnad och den 85 meter höga siluetten dyker upp i stadsbilden ur de mest oväntade vinklar. En professor hävdar att "med Globen har vi hamnat på arkitekturens världskarta". Den kan bli samma symbol för Stockholm som operahuset är för Sydney i Australien.

Globen lämnar ingen oberörd. Den kallas allt från förvuxen golfboll till hattstuga. Världens modernaste kula kallas den också på grund av allt tekniskt hokus pokus. Det gör att Globen kan byta skepnad på bara några timmar. Från kongresshall eller biosalong för 3000 till poparena eller cirkus för 16000 åskådare. Det enda man inte klarar när det gäller idrott är en velodrom för cykeltävlingar.

1. ett flaggskepp från någon fjärran planet.
2. världens största klotformade byggnad.
3. Operahuset i Sidney.
4. på några timmar.
5. velodrom för cykeltävlingar.

Lektion 28

1

1. b 2. f 3. e 4. g 5. a 6. c 7. d

2

1. byta 2. torktumlaren 3. skonsamt 4. nöjda 5. kvittot 6. det inte gick att byta utan kvitto 7. avdelningschefen

3

1. Handtvätt max. 40°C. 2. Tål inte vattentvätt 3. Tål inte kemtvätt 4. Tål inte strykning 5. Dropptorkning 6. Tål torktumlare

4

1. Julen väntar alla på. 2. Lena tog ingen hand om. 3. Köttbullar är jag speciellt förtjust i. 4. Maggan var halva klassen kär i. 5. Göran ville ingen tala med. 6. Den har skivan intresserar sig Agneta för. 7. Frimärken är bara Clas intresserad av.

5

1. Modeskaparna 2. Nya trender 3. Kjollängden 4. Torktumlaren 5. Skötselrådet (tvättrådet) 6. Kvalitén 7. Kvittot

6

1. strax 2. skonsamt 3. förstås 4. annars 5. dessutom 6. snabbt 7. förgäves

7

1. skor 2. betala 3. äta 4. en öl 5. en flicka 6. dricka alkohol 7. en ung man 8. en cykel 9. tre kronor 10. en smörgås 11. en bensinstation

8

(Blått) klär dig! Vilken snygg klänning! Du ser bra ut! Folk tycker att det är mycket viktigt att man är bra klädd. När man t. ex. är flygvärdinna eller banktjänsteman är man fortfarande beroende av vad folk tycker.

9

Text der Hörverständisübung

EN DAG PÅ VARUHUSET

För att slippa en massa krångel har familjen Ollén klokt nog skaffat ett kreditkonto.

Det är enkelt och praktiskt, särskilt när hela familjen ska handla. Olléns är redan vid parfymdisken för att köpa present till mamma som fyller år på söndag.

En sådan där dyr parfym som doftar gudomligt gott och som hon lite i förskott får välja ut. Pappa betalar den fina parfymen med kreditkortet och passar samtidigt på att köpa några rakblad också. Sedan lägger han en tung hand på Peter och de går iväg mot Livsmedelsavdelningen.

Mamma och Malin står framför varsin spegel och provar kläder.

En tjock, snygg tröja var är redan inhandlad. Men nu gäller det en kjol till mamma. Hon tittar en gång till i spegeln. Urtjusig modell i helt rätt färg men med ett fel, priset. Men det är klart, kvalitet lönar sig alltid i längden, tänker hon med en belåten suck.

Malin ska ha en täckjacka också. Plötsligt lyser hon upp. "Titta, den här ser likadan ut som din täckjacka fast med gult foder istället. Är den inte helt enkelt jätteläcker?" "Vad kostar den?", frågar mamma lite oroligt. "695:–", svarar Malin.

Inte farligt för en riktig täckjacka av den kvalitén, tänker mamma när hon tar upp kreditkortet för att betala. Precis då kommer hon ihåg att hon lovade att samtidigt passa på att köpa en pyjamas till maken också.

1. parfym 2. rakblad 3. en snygg tröja 4. en kjol 5. en täckjacka 6. en pyjamas

Lektion 29

1

1. f. 2. d 3. b 4. a 5. c 6. e 7. g

2

1. födsel 2. inträde 3. anmälan 4. konfirmation 5. dop 6. vigsel 7. ansökan

3

2. sista tåget 3. yngsta barnet 4. sämsta resultatet 5. samma bil 6. högra armen 7. undre sängen 8. Östra Långgatan 9. i år 10. nästa gång.

4

1. partier 2. Folkpartiet 3. 4%-spärren 4. var länge i regeringsställning 5. miljöförstöringen 6. valet till stadsfullmäktige och kommunalvalet 7. opinionsbildningen.

5

1. Svenska institutet för opinionsundersökningar. 2. (1993:) Moderaterna, Folkpartiet, Centern och Kristdemokratiska Samhällspartiet. 3. Ett litet parti som hjälper regeringen att få den majoritet den behöver. 4. Ett parti behöver 4% av rösterna för att komma in i riksdagen. 5. en röst som kommer med posten.

6

1. i 2. på 3. på 4. av 5. på 6. i 7. på 8. på

7

1. Socialdemokraterna. 2. Folkpartiet 3. Moderaterna 4. Vänsterpartiet 5. Centern 6. Miljöpartiet De Gröna

8

1. f 2. b 3. h 4. a 5. e 6. g 7. c 8. d

9

1. Slösa 2. Spara 3. Slösa 4. Slösa 5. Spara 6. Slösa 7. Spara 8. Spara 9. Slösa 10. Spara
Zur Motivierung Ihrer Entscheidung können Sie z.B. folgende Argumente verwenden: Bastun är mycket energikrävande – Motorbåten, flyget och bilen förbrukar mycket bränsle och förorenar luften, det krävs mycket energi när man eldar i stugan.

Lektion 30

1

Realitet:

Man paddlar i ett dike genom Uppland. Man kör under en bro och hör dånet av bilarna på Norrtäljevägen. Havet är långt borta, bara en massa åkermark runtomkring. Långhundraleden är ett paradis för paddlare och ett fint och lite annorlunda semestermål.

Fantasi:

Vikingarna seglade med sina vikingaskepp den här vägen ut till havet. De var på väg ner mot Miklagård. Vikingaskeppen pryddes med drakhuvud. Vattnet gick fem meter högre än nu. Vid slutet av vikingatiden, alltså för ca 1000 år sedan, bröts alla förbindelser mellan Uppsala och havet.

2

Vergleichen Sie Ihr Ergebnis mit Text 1 im Lehrbuch.

3

1. tätorter 2. invånare 3. gårdarna 4. ryggsäckar 5. Sjöarna, barrskogarna 6. runstenarna 7. floderna

4

1. Det har över 8 miljoner invånare. 2. Det bor bara 20 invånare per km^2. 3. Den kallas glesbygd. 4. Storlien och Åre. 5. Den kallas Kungsleden. 6. Ja, genom sina stora skogar och genom järnmalmen. 7. Man förstår att Sverige en gång i tiden har varit ett vikingaland. 8. Man skulle kunna kalla det "De hundratusen sjöarnas land".

5

1. f 2. e 3. h 4. b 5. g 6. a 7. d 8. c

6

1. Om 2. När 3. om 4. När 5. därför att (eftersom) 6. trots att (även om) 7. därför att (eftersom) 8. trots att (även om)

7

1. tills 2. till 3. tills 4. till 5. Under 6. Under 7. Medan 8. Medan

8

1. *lugnt* istället för *långt* 2. *ohörbart* istället för *hörbart* 3. *Ingen motor kan gå sönder* istället för *Motorn kan gå sönder* 4. *ingen bensin* istället för *bensinen* 5. *några dagar* istället för *några veckor* 6. *överciviliserade* istället för *civiliserade* 7. *hörn* istället för *horn* 8. *åar* istället för *öar* 9. *åarna* istället för *älvarna*

Quellenverzeichnis

Seite 10: Schweden-Werbung für Reisen und Touristik, Hamburg; SJ/Industriefotografen AB, Stockholm, © Björn Enström
Seite 16: Schweden-Werbung für Reisen und Touristik, Hamburg
Seite 47: Kaiander Sampler, © Sveriges Turistråd, Stockholm
Seite 57: Louise Öqvist, © Kooperativa Förbundet, Stockholm
Seite 58: Schweden-Werbung für Reisen und Touristik, Hamburg
Seite 67: Schweden-Werbung für Reisen und Touristik, Hamburg
Seite 70: Louise Öqvist, © Kooperativa Förbundet, Stockholm
Seite 72: Louise Öqvist, © Kooperativa Förbundet, Stockholm
Seite 85: Stockholm Information Service, Stockholm
Seite 117: Louise Öqvist, © Kooperativa Förbundet, Stockholm
Seite 123: Trafiksäkerhetsverket, Borlänge
Seite 129: Louise Öqvist, © Kooperativa Förbundet, Stockholm
Seite 134: Schweden-Werbung für Reisen und Touristik, Hamburg
Seite 139: Schweden-Werbung für Reisen und Touristik, Hamburg
Seite 144: Kaiander Sampler, © Sveriges Turistråd, Stockholm
Seite 149: Schweden-Werbung für Reisen und Touristik, Hamburg
Seite 154: Åhlens AB, Stockholm
Seite 160: Tor Lindmark, © Kooperativa Förbundet, Stockholm
Seite 162: Vi, Stockholm
Seite 165: Vasa Museet, Stockholm; Historiska Museet, Stockholm
Seite 166: Schweden-Werbung für Reisen und Touristik, Hamburg